바다를 건넌 사람들 II

바다를 건넌 사람들 II

부경대학교 해역인문학 시민강좌 총서 04

초판 1쇄 발행 2022년 4월 29일

지은이 서광덕 외
펴낸이 강수걸
편집장 권경옥
편집 신지은 오해은 이소영 이선화 김소현 강나래
디자인 권문경 조은비
등록 2005년 2월 7일 제333-3370000251002005000001호
주소 부산시 해운대구 수영강변대로 140 BCC 613호
전화 051-504-7070 | 팩스 051-507-7543
홈페이지 www.sanzinibook.com
전자우편 sanzini@sanzinibook.com
블로그 http://sanzinibook.tistory.com

ISBN 979-11-6861-018-7 04900
ISBN 978-89-6545-723-7(set)

* 책값은 뒤표지에 있습니다.
* 이 책은 2017년 대한민국 교육부와 한국연구재단의 지원을 받아 수행된 연구임.
(NRF-2017S1A6A 3A01079869)
* 잘못된 책은 구입하신 곳에서 교환해 드립니다.

부경대학교 해역인문학 시민강좌 총서 04

바다를 건넌 사람들 II

부경대학교 인문한국플러스사업단 엮음

산지니

책을 펴내며

2021년 『바다를 건넌 사람들 1』에 이어 그 두 번째 책을 선보인다. 1권이 특정 목적을 위해 바다를 건넌 사람들이라고 한다면, 2권에는 우연히 아니면 어쩔 수 없이 바다를 건너야 했던 사람들을 소개한다. 이것은 육지에서 삶의 터전을 잃고 해안가로 내쫓겨 바다를 향할 수밖에 없는 이들이거나, 배를 타고 원래 가려고 했던 곳이 아닌 다른 곳으로 흘러갔던 사람들이거나, 또 긍부정적으로 바다를 삶의 발판으로 삼았던 이들이다. 이런 사람들이 바다를 건넜던 이유는 비로 부득이 또는 우연히, 라고 할 수 있겠다.

『바다를 건넌 사람들 2』는 크게 3부 10편의 글로 구성했다. 1부는 '바다를 횡단한 무법자들' 편이다. 제목에서 짐작할 수 있듯이, 국가적 공권력이 미치지 않던 해상과 해안가를 무대로 약탈과 노략질을 일삼는 이들이다. 이를 대표하는 이들이 바로 왜구나 해적이다. 지금까지 왜구나 해적이라고 하면 나쁜 이미지의 범법자들로 인식되었다. 「왜구, 고려의 바다에 나타나다」에서는 이런 전통적인 인식을 바꿔 모험가이자 자유인으로 표현하는 현재의 해적 관련 문화콘텐츠 경향을 비판하면서 왜구의 약탈이 고려에서 조선으로 왕조가 바뀌는 데 중요한 요소였음을 설명하고 있다. 한편 「해적왕 정성공(鄭成功), 대만의 아버지가 되다」는 중국인 아버지와 일본인 어머니 사이에 태어난 정성공이 해적으로

도 그 반대로 민족 영웅으로 불리면서 '해적왕'이란 타이틀을 갖게 된 얘기를 들려준다. 「남중국해의 약탈자, 홍기방(紅旗幫)과 해적들」은 우리가 잘 알지 못했던 청말 중국 남부의 해적들이 해적연맹을 결성하여 활동하면서 하나의 큰 해상세력을 형성하고 명멸한 과정을 얘기한다. 이와 같이 3편의 글은 모두 해적이 단순히 바다에서 약탈을 일삼는 나쁜 사람들이기도 하지만, 그들의 존재는 동아시아의 지역사에서 간단히 치부해버릴 수 있는 이들이 아니며, 특히 해양사의 관점에서 본다면 더욱 주목해야 할 사람들임을 알려준다.

2부 '바다에서 생존을 구한 자들'에 실린 5편의 글은 17세기 이후 동아시아 해역에서의 해상사고라고 할 수 있는 표류에 대한 얘기, 그리고 삶의 터전을 잃어 배를 타고 타지에 정착한 난민들의 얘기, 또 잘 알려지지 않았던 대항해시대 일본인 노예들의 이주에 대해서 말하고 있다. 이 가운데 「대항해시대 바다를 건넌 일본인 노예」는 일본인들이 바다를 통해 다른 곳으로 이주한 역사가 아주 길다는 것을 일깨워준다. 「목숨과 맞바꾼 동아시아인의 세상 구경」과 「어서 와, 제주도는 처음이지―17세기 제주목사의 제주도 2년살이 르포 『지영록』」은 바다에서 사고를 당해 우여곡절 끝에 살아남은 자들의 이국체험담과 그것을 기록한 표해록 그리고 전직 제주목사의 제주 관련 기록물인 『지영록』이란 텍스트를 통해 당시 동아시아의 해상교류와 상호인식을 얘기해준다. 「부산항에 입항한 베트남 보트피플」과 「제주 바다를 건넌 난민들」은 모두 역사적으로 한국(제주도)을 찾아온 해외 난민들의 얘기를 소개하고 있는데, 난민은 현재도 문제가 되고 있는 현안 가운데 하나이다.

끝으로 3부 '바다를 삶의 터전으로 삼은 자들'은 앞의 1, 2부가 주로 부득이하거나 어쩔 수 없이 바다를 건넌 사람들을 얘기하고 있다면, 근대 이후 바다를 삶의 터전으로 삼고자 한, 다시 말해 해양산업에 종사하는 직업인(선원)의 얘기다. 「근대를 잇는 사람들-일제강점기 조선의 선원들」이 일제강점기 조선인 선원들 얘기라고 한다면, 「실습선을 타고 바다를 건넌 선원들」은 건국 이후 현대 한국인들의 선원들이 실습선을 타고 양성되는 과정과 원양어업의 이야기를 들려준다. 바로 우리 이웃들의 얘기라서 흥미롭다.

부경대학교 시민강좌총서 '바다를 긴넌 ○○○' 시리즈의 다음 차례는 바다를 통해 전해진 많은 물건들의 얘기를 담아낼 '바다를 건넌 물건들'이다. 바다를 통한 교류의 다양한 양상을 소개하는 기획 의도에 부합할 것으로 기대하며, 독자들의 많은 관심과 응원이 있기를 희망한다.

부경대학교 인문사회과학연구소 HK교수 서광덕

차례

1부

바다를 횡단한
무법자들

왜구, 고려의 바다에
나타나다

해적은 자유를 좇는 모험가인가?

해적(pirate)은 바다를 배경으로 배를 타고 선박이나 해안의 마을을 약탈하는 무리를 일컫는 말이다. 약탈 외에도 밀무역을 하는 등 바다를 통해 이루어지는 전반적인 불법 행위를 '해적 행위(piracy)'라고 부른다. 요즈음 저작권 침해로 생산된 미디어를 '해적판'이라고 하는데, 이것 역시 여기에서 유래한 말이다.

최근 각종 미디어에서 나타나는 해적은, 예를 들어 영화〈캐리비안의 해적〉이나 만화〈원피스〉등을 보면 보물을 찾아 나서는 모험가이자 위선에 찬 해군을 비웃는 자유인으로서의 모습이 중심적으로 다루어지고 있다. 하지만 실제 역사에서 해적은 대체로 이상을 좇는 모험가가 아니라 현실에 내몰린 범죄자들로, 양민에게 큰 피해를 미치는 존재였다.

왜구의 정의와 분류

왜구(倭寇)는 '일본인[倭]으로 구성된 해적[寇]'을 의미한다. 일본의 해적에 의한 침략이나 약탈은 삼국시대부터 있어왔고, 근세까지 계속되었다.

역사 연구자들 사이에서 '왜구'라고 부르는 것은 크게 두 가지의 부류로 나뉜다. 전기왜구와 후기왜구가 그것이다. 전기왜구는 14~15세기에 보통 쓰시마(對馬)를 집결지로 삼아 한반도 혹은 중국 해안을 약탈한 일본인 해적으로, 이번에 중점적으로 다루게 될 주제이다. 후기왜구는 1523년에 명-일 간의 감합무역(勘合貿易)이 중단되면서 본격적으로 등장한 해적이자 밀무역상인데, 1555년의 을묘왜변을 제외하고는 한반도보다는 중국의 바다에서 활동하였다.

경인년(1350)의 왜구

왜구들이 스스로의 약탈에 대해 기록을 남기는 경우가 거의 없기 때문에, 대부분 한국이나 중국의 피해 기록을 통해 왜구의 모습을 재구성할 수밖에 없다. 문헌 기록에 '왜구'라는 용어가 처

『왜구도권』에 그려진 왜구의 모습

음 등장한 것은 『고려사』 1223년(고종 10) 5월 기록에 '왜인이 금주(金州, 현재의 김해)를 약탈하였다(倭寇金州)'라는 기록이다. 이 기록에서 '倭寇'는 '일본인이 약탈하다'라는 뜻의 주어와 술어로 이루어진 문장이었지만, 이후 점차 일본인 해적을 지칭하는 명사로 쓰이게 되었고, 중국으로 전파되어 원나라나 명나라에서도 이 표현을 쓰게 되었다.

왜구가 처음 나타난 이후 100여 년간은 몇 년에 한 번씩 간헐적으로 나타나 해안을 약탈하는 정도였다. 그러나 1350년(충정왕 2) 무렵부터 왜구의 약탈이 폭증하여, 왜구에 대한 보고가 심하면 한 해에 수십 차례에 이르고 그 활동 영역도 해안뿐만이 아니라 내륙 지역까지 넓어지게 되었다. 그 시작이 되는 해인 1350년을 육십간지로 계산하면 경인년이 되므로, 14세기 후반에 고려를 대규모로 침입한 왜구를 '경인년 왜구'라고 부르기도 한다.

왜구의 배경-일본의 남북조 내전

14세기 초 일본 고다이고(後醍醐) 천황은 군사정권인 가마쿠라 막부(鎌倉幕府)를 타도하고 율령(律令)에 명시된 천황 중심의 정치로 복귀하고자 하였다. 그는 군벌인 아시카가 다카우지(足利尊氏)와 협력하여 가마쿠라 막부를 타도하는 데 성공하였다. 하지만 고다이고와 다카우지는 서로 반목하던 끝에 다카우지가 고다이고를 유폐시키고 고묘(光明) 천황을 옹립하였다. 그리고 1336년 새로운 군사정권인 무로마치 막부(室町幕府)를 세운다. 고다이고

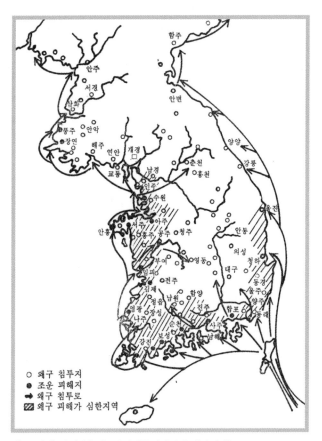

왜구 피해 지역 (출처: 국사편찬위원회 우리역사넷)

천황은 요시노(吉野)로 탈출하여 자신만의 조정을 꾸렸다. 다카우지가 옹립한 고묘 천황의 조정은 북조, 고다이고 천황의 조정은 남조로 불리며, 이들이 서로 내전을 벌이니 이것이 일본의 남북조시대이다.

남북조의 내전은 몇 년 후 고다이고 천황이 사망하면서 북조, 즉 무로마치 막부 쪽의 승리로 기울어간다. 하지만 일본 열도의 서쪽 끝 규슈에서는 ①고다이고가 생전에 규슈로 파견한 아들 가네요시(懷良) 왕자, ②막부에서 가네요시 세력을 토벌하기 위해 파견한 규슈탐제(九州探題)라는 명칭의 지방관, ③막부 내 세력다툼에서 밀려나 규슈에서 세력을 모으고자 한 아시카가 다다후유(足利直冬), 이상의 3개 세력이 규슈에서 삼파전을 벌이는 상황이 되었던 것이다.

이상 남북조 내전으로 규슈가 혼란해진 시기는 고려에 왜구가 폭증하는 14세기 후반과 거의 같은 시기이다. 대다수의 학자들은 경인년 이후 왜구가 폭증한 원인을 규슈 내의 남북조 내전으로 인한 해상세력에 대한 공권력의 통제력이 약화된 데에서 찾고 있다. 나아가 규슈 내 군벌 중 남조 측을 지지하는 세력들이 군량을 얻기 위해 휘하의 세력을 고려로 파견한 것이 경인년 왜구의 실체라고 보는 해석도 존재한다.

왜구는 본거지는 어디인가

『고려사』나 『조선왕조실록』 등 한국의 옛 문헌을 살펴보면, 왜

구의 본거지로 주로 지
목되는 곳은 '삼도(三
島)'라고 하는 지역이
다. 하지만 이 '삼도'가
정확하게 일본의 어느
지역을 지칭하는지는
확실하지 않다. 다만 많
은 연구자들이 왜구와
깊게 연관되어 있던 쓰
시마(對馬, 대마도)가 삼

왜구의 주요 근거지

도 중 하나일 것이라고 추측하고 있다. 나머지는 쓰시마 다음으로
가까운 이키(壹岐) 섬, 규슈 북부에 있는 해상세력의 중심지 마쓰
우라(松浦)나 히라도(平戶) 등의 지역이 꼽히고 있다. 학자에 따라
서는 특정한 세 섬이 아니라 규슈 전체를 의미하는 것으로 보기도
한다.

이상 왜구의 근거지로 꼽히는 지역들은 모두 지리적으로 한반
도와 가깝고, 왜구로 전환될 수 있는 해상세력이 존재했던 곳이다.
예를 들면 기록을 통해 규슈 서북부 지역의 토착세력인 마쓰라토
(松浦黨)나 쓰시마의 소다(早田) 씨 등의 해상세력이 왜구를 이끌었
음을 알 수 있다.

이상과 같이 왜구의 근거지가 규슈 북부의 여러 지역이었다고
하지만, 주로 쓰시마에서 집결하여 한반도로 출발하였던 것으로
보인다. 쓰시마는 일본에서도 한반도와 가까운 섬으로, 현재에도
맑은 날에는 쓰시마 북쪽에 있는 한국전망대나 히타카쓰(比田勝)

등지에서 부산의 해안과 가덕도, 거제도 등을 볼 수 있다. 왜구들 역시 쓰시마에서 출발하면서 눈에 보이는 한반도의 해안으로 뱃머리를 향하였을 것이다.

왜구의 약탈물

1) 식량과 조운

왜구의 주요 약탈물은 ①식량(곡물), ②사람(노예), ③기타(미술품 등) 등이었다.

먼저 가장 큰 약탈물인 식량(곡물)을 살펴보자. 당시 왜구의 주요 근거지 중의 하나인 쓰시마 이키 등은 도서(島嶼) 지역으로 식량 생산이 원활하지 못하였다. 또 왜구가 군량미 획득을 위해 고려로 파견되었다는 설을 따른다면 당연히 식량이야 말로 왜구가 가장 우선적으로 약탈해야 할 목표물이었을 것이다. 한편으로 왜구가 고려에서 약탈해 갈 수 있는 물자가 곡물 이외에는 매우 한정적이었을 가능성도 있다. 왜구가 들끓었던 원 간섭기의 고려에서는 해상을 통한 무역이 거의 이루어지지 않고 있었으므로, 고려의 해안에서 무역 상품을 획득하거나 하는 것은 기대하기 힘들었을 것이다.

하지만 의외로 많은 물자들이 고려의 해안에서 배에 실려 운송되고 있었다. '조운(漕運)'이라는 제도가 실시되고 있었기 때문이다. 고려는 세금으로 화폐가 아니라 생산된 곡물의 일정 부분을 받았으며, 이것을 '세곡(稅穀)'이라고 한다. 그런데 산지와 고갯길

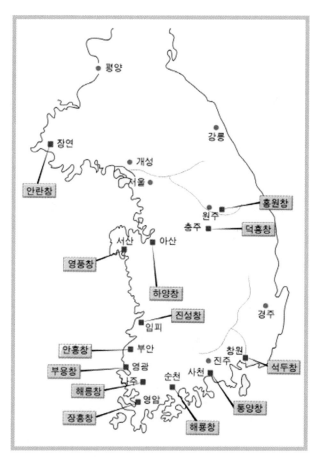

고려의 13조창 (출처: 국사편찬위원회 우리역사넷)

1부 바다를 횡단한 무법자들

이 많은 고려의 지리적 특성상 육로로 대량의 세곡을 수송하는 것은 매우 불편한 일이었다. 그래서 매년 정기적으로 세곡을 배에 실어 강과 바다의 물길을 통해 개경까지 운반하였다. 이러한 제도가 바로 조운이며, 조운을 담당하는 배를 '조운선(漕運船)'이라고 한다. 그리고 세곡을 실은 배가 한달음에 바다를 지나 개경까지 올라갈 수는 없었으므로, 조운로 중간에 있는 포구에 창고를 지어 인근 지역의 세곡을 집결시키거나 조운선으로 실려 온 세곡을 임시로 보관하는 역할을 맡도록 하였다. 이것을 '조창(漕倉)'이라고 하며 고려 시기에는 총 13개가 있었다. 이와 같이 조운으로 운반하는 물품 대부분은 세곡이며, 왜구들도 조운선이나 조창을 습격하면 대량의 식량을 획득할 수 있을 것임을 잘 알고 있었다.

> 왜구의 배 500척이 진포(鎭浦, 전라북도 군산 지역)의 입구로 들어와 배를 대고 군사를 나누어 지키면서 해안으로 올라와 주군(州郡)으로 흩어져서 노략질을 하였다. 산과 들에 시체가 뒤덮였으며 그들의 배로 곡식을 실어 날랐는데 쌀을 흘린 것이 1자 높이가 되었다.
>
> -『고려사』 나세(羅世) 열전 중에서

위 기록은 1380년(우왕 6)에 쳐들어온 대규모의 왜구에 대한 내용이다. 인근 군현에서 훔쳐 운반하다 흘린 쌀이 1자(약 30cm) 높이로 쌓였다는 것은 과장이겠지만, 주변 군현의 창고에서 많은 쌀을 노략질하였음을 잘 알 수 있다. 이를 통해 적지 않은 양곡이 약탈을 통해 일본으로 건너가게 되었다.

한편으로 수중고고학을 통해 침몰선을 조사한 결과, 조운선을 통하여 곡물뿐만이 아니라 도자기·꿀·젓갈 등 다양한 물품이 수송되고 있었음을 알 수 있었다. 또한 조운선은 국가적인 수취뿐만이 아니라 개인적인 물품 배달 역시 담당하고 있었다. 현재의 택배와 같은 역할도 하였던 것이다. 왜구들은 조운선이나 조창을 공격하여 대량의 식량을 획득했을 뿐만이 아니라 다양한 물품들을 부수입으로 획득할 수 있었을 것이다.

2) 납치된 사람들

이어서 사람을 납치해 간 상황을 보자. 왜구가 고려인을 납치할 때는 남녀노소를 가리지 않았으나, 납치된 사람 중에는 성인 남성이 가장 많았던 것으로 보인다. 사람을 납치해 간 가장 큰 이유는 노동력을 획득하기 위해서이며, 성인 남성이 그 가치가 가장 컸기 때문이다. 여성들의 경우 성적 욕구를 채우기 위해 납치하기도 하였으나, 필요가 없어지면 돌아가면서 해안 지역에 놓아두고 떠나기도 하였다.

왜구가 고려인을 납치하는 방식을 보면, 마을에 와서 직접 납치하는 경우도 많았지만 조운선을 나포하는 과정에서 납치가 동시에 이루어지기도 했다. 왜구는 조운선을 약탈하면서 조운선에 실린 곡식을 자기 배로 옮겨 실어 간 것이 아니라, 배째로 나포하여 돌아갔다. 해상의 배에서 배로, 혹은 근처 해안에 배를 대고 약탈물을 옮기는 것은 노동력이 많이 들고 중간에 고려군에게 발각될 우려가 크다. 미리 빈 수송선을 마련해 가는 것도 불편하다. 그러므로 조운선을 납치해 갈 때 배째로 끌고 가는 쪽이 간편했던 것이다. 이로 인해 조운선에서 노를 젓는 고려의 선원들이 졸지에 포로가 되어 일본으로 끌려가게 되었다. 왜구들은 이들을 돌려보내지 않고 계속 노를 젓게 하거나 농사를 짓는 노동을 시켰다. 일본에는 고려나 조선과 달리 신분적인 노비제도는 없었으므로, 필요한 만큼을 자기 노동력으로 활용하고 나머지는 다른 지역에 노예로 팔았다.

약탈된 곡물의 경우 왜구들이 다른 지역에 팔아넘기더라도 어디로 팔려 나갔는지 확인할 방법이 없다. 하지만 납치된 사람들의 경우 훗날 외교적 노력을 통해 돌아온 기록이 남아 있다. 포로들이 어느 지역에서 돌려보내졌는지를 확인해 보면 어느 지역으로 팔려 나갔는지를 확인할 수가 있는 것이다. 당시 고려인들은 규슈 이곳저곳과 멀리 남쪽의 류큐 땅, 즉 현재의 오키나와까지 팔려갔다. 오키나와에 팔려 간 고려인은 일부는 돌아올 수 있었지만, 나머지는 현지에 정착하여 마을을 이루고 살았던 것으로 보인다. 한편으로 종적을 알 수 없던 식량 역시 군량이 아닌 경우 포로와 마찬가지로 오키나와 등지로 팔려 갔을 가능성이 있다고 보인다.

3) 미술품

현재 일본에는 도자기류나 불상, 불화, 향로 등 고려시기의 미술품 혹은 공예품이 많이 건너가 있다. 특히 고려시대 최고의 가치를 가지는 미술품으로 꼽히는 불화는 현전하는 작품 대다수가 일본에 남아 있는 실정이다. 이러한 미술품은 일본으로 건너가게 된 경위를 알 수 없는 경우가 대부분이다. 일본의 소장자 측에서는 선물이나 기증을 받은 것, 혹은 돈을 주고 사 온 것으로 이야기하는 경우가 많다. 반면 한국 측에서는 그들 중 상당수가 약탈되었을 가능성이 높다는 의견이다.

고려시기의 미술품이 일본으로 약탈되어 갔다면 크게 다음 셋 중 하나의 상황이었을 것이다. 고려 말·조선 초의 왜구, 16세기 말의 임진왜란, 그리고 20세기 초의 식민지 시기이다. 왜구는 조운뿐만이 아니라 민가나 관청, 사찰 등을 약탈했고, 가치가 있어 보이는 모든 것을 남김없이 약탈했을 것이다. 미술품이나 공예품은 부피나 무게에 비해 가치가 높은 물건이므로, 왜구의 입장에서는 구미가 당기는 물품이었을 것이다.

하지만 미술품이 약탈당한 물건이라는 증거가 남아 있는 경우는 거의 없다. 그리고 약탈을 당했다는 확실한 증거가 있더라도 돌려받기는 힘든 일이다. 여기 한 장의 불화를 사례로 들어보자.

일본 규슈 지방의 사가(佐賀)현 가라쓰(唐津)시에 가가미 신사(鏡神社)라는 신사(일본 종교 신토의 사원)가 있다. 이 신사에는 일본 정부로부터 국가중요문화재로 지정된 「양류관음도(楊柳觀音圖)」 1폭이 전해지고 있다. 이 작품은 세로 419cm, 가로 254cm의 이어붙이지 않은 한 폭의 거대한 비단에 아름다운 필치로 그려진 고려 불화의 대작이다. 남아 있는 기록에 따르면 이 「양류관음도」는 1310년, 충선왕의 부인 숙비(淑妃)가 중생구제를 위해 발원하여 제작된 것이다. 그런데 어떠한 경위에서인지 1391년 이 신사에 기증되었다고 하며, 일본에서는 선물로 보내진 것으로 파악하고 있다. 그러나 당시 고려와 일본 사이에서 이 정도로 귀중한 왕실의 보물

가가미 신사에 소장 중인 「양류관음도」

이 선물로 오고 갔을 가능성은 전혀 없다. 그러면 이 「양류관음도」는 어떻게 일본으로 건너가게 되었을까? 1357년(공민왕 6) 왕실의 사찰인 흥천사(興天寺)에 왜구가 침입하여 충선왕 부부의 영정을 훔쳐간 적이 있다. 흥천사에 충선왕의 영정이 모셔질 정도면 충선왕의 부인 숙비가 발원한 이 불화 역시 흥천사에 소장되었을 가능성이 높다. 그렇다면 왜구들이 충선왕 부부의 영정 외에도 이 「양류관음도」를 훔쳐갔고, 1391년에 왜구의 후손이 자신들의 복을 빌기 위해 신사에 불화를 기증했을 것으로 추측할 수 있다.

왜구 피해의 확산

왜구는 조운선이 다니는 물길을 따라 주로 남해안과 서해안을 습격하였다. 왜구는 조운로를 타고 북상하여 수도 개경 근처에 있는 강화도와 교동도까지 습격하였다. 이 때문에 대몽항쟁기 이후 처음으로 개경에 계엄이 내리기까지 하였다. 결국 고려는 1376년 수로를 통한 조운을 폐지하고 만다.

왜구의 습격은 점차 내륙 지역이나 동해안 북부까지 확산되었고, 중국의 해안 지역을 약탈하기도 하였다.

동해안 방면은 원래 조운이 다니지 않는 지역이었으므로 초창기에는 왜구들이 잘 들어오지 않았다. 그러나 시간이 흐르면서 왜구들이 동해 방면을 찾아 들어오게 된 것이다. 그 원인은 조운이 끊어진 상황에서 새로운 약탈 경로를 찾기 위해, 혹은 여러 왜구 집단이 경쟁하는 상황에서 다른 왜구 집단과의 경쟁을 피하기 위해서였던 것으로 보인다. 1380년대가 되면 본격적으로 동해안에 왜구들이 들끓게 되며, 동해안으로 들어온 왜구가 문경새재와 추풍령을 넘어 경기도와 강원도로 진출하기까지 하였다.

서해안으로 진출한 왜구들도 고려의 서쪽 바다를 지나 중국의 해안까지 침범하였다. 중국으로 건너간 왜구 문제는 중국과 일본 간의 문제뿐 아니라 중국과 고려, 중국과 조선 간의 외교 문제가 되기도 하였다. 중국의 원·명 제국은 중국까지 왜구가 건너오지 않도록 고려·조선 측이 대책을 세우라고 강압적인 자세로 요구하였던 것이다.

군사적 대응-세 번의 대첩과 쓰시마 정벌

왜구의 피해가 커지자, 고려는 군사적 측면과 외교적 측면으로 이들에 대응하게 된다.

먼저 군사적 측면을 보자. 고려는 왜구의 침입에 대응하여 군사를 파견하는 수동적 대응에 그치지 않았다. 지방 군사제도를 정비하고, 대몽항쟁기 이후 피폐해진 수군을 재건하였다. 이와 같은 정책은 공민왕 대에서 우왕 대에 걸쳐 실시되었는데, 우왕 시기에는 유명한 최영(崔瑩)이 군사제도 정비의 총책임을 맡았다.

한편으로 남부 해안지역에 읍성·군사진지·봉화 등을 정비하였다. 원래 고려시기에는 북쪽 국경에만 군사적 노력을 기울여서 '양계(陽界)'라는 특수 행정구역을 설치하고, 남부 해안 지방은 비교적 안전한 배후지로 생각하였다. 그렇기 때문에 조운 제도가 실시될 수 있었던 것이다. 그러나 왜구의 습격을 당하면서 남부 해안지역에도 방어시설을 갖추어야 할 필요성이 생긴 것이다. 지금 남부지방에 남아 있는 읍성이나 군사 진지는 고려 우왕 때 이후에 왜구에 대비하기 위해 지어지거나 재정비된 경우가 대부분이다.

전투에서 성과를 보면, 고려는 1380년의 진포대첩과 황산대첩, 1383년 관음포 해전, 1389년 쓰시마 정벌을 통해 왜구의 세력을 크게 꺾어 놓게 되었다.

> 나세(羅世) 등이 진포(鎭浦)에 이르러 최무선(崔茂宣)이 제조한 화포(火砲)를 써서 그 배를 불태우니 연기와 불꽃이 하늘에 가득 차 배를 지키는 자가 거의 다 타서 죽었고 바다에 빠져 죽은 자도 또한 많았다.
>
> -『고려사』 우왕 6년(1380) 8월

> 왜적이 남원산성을 쳐서 이기지 못하고 물러가 운봉현을 불사르고 인월역에 주둔하였다. 태조(이성계)가 군사를 일으켜 황산(荒山) 서북에서 적과 싸워 크게 이겼다. 적장 중 15~6세의 아지발도(阿只拔都)라는 자가 있었는데, 얼굴까지 덮는 갑옷을 입었기에 태조와 이지란이 각각 화살을 쏘아 죽였다.
>
> -『고려사절요』 1380년 9월 기사 중 황산대첩 부분 요약

위의 진포대첩과 황산대첩에 기록된 왜구는 같은 집단이다. 당시 왜구는 거대한 대규모의 연합세력으로, 아지발도라는 젊은 장

수를 우두머리로 초빙하여 충청도 일대를 공격하고 있었다. 8월 금강 하구인 진포에 정박 중이던 왜구의 선박을 공격하여 크게 이겼는데, 이를 진포대첩이라고 하며, 최무선이 개발한 화포의 도움이 컸다.

황산대첩 기록화 (전주 어진박물관 소장)

진포에서 배를 잃은 왜구들은 충청도에서 경상도 내륙지역까지 이동하여 약탈을 일삼다가, 다시 지리산 방향으로 이동하였다. 훗날 조선 태조가 되는 이성계가 이끄는 고려군은 남원시 인월면 부근의 황산에서 왜구와 격전을 벌여 큰 승리를 얻었으니, 이것이 황산대첩이다.

정지(鄭地)가 전함 47척을 거느리고 나주 목포에 머무니 적이 대선(大船) 120척으로써 경상도에 왔다. 정지는 섬진강에 이르러 합포(合浦) 사졸을 징집하였다.

적이 이미 남해의 관음포(觀音浦)에 이르러 큰 배 20척으로 선봉을 삼고 배마다 정에 140인씩 두었거늘 정지가 앞장서서 공격하니 시체가 바다를 덮었다. 드디어 크게 이를 패배시키고 화포를 쏘아 적선 17척을 불태웠다.

-『고려사』 우왕 9년(1383) 5월에서 관음포대첩 부분 요약

1383년 관음포대첩은 진포대첩에 이어 최무선의 화포가 다시금 빛을 발했던 전투였다. 왜구가 큰 배를 무려 120척이나 거느리고 왔으며, 선봉이 되는 배에 140명씩 군사를 태웠다고 한다. 그대로 곱하면 16,800명이나 되는데, 선봉이 되는 배에 선원을 특별히 많이 태웠다고 가정하더라도 전체 왜구의 수는 최소 수천 명이 될 것이다. 하지만 정지가 이끄는 수군은 화포를 이용하여 이들을 크게 물리쳤다. 이로써 고려 수군이 왜구에 대해 해상 전력으로도 우위를 점하고 있음을 확인할 수 있다.

여기에 자신을 얻은 고려는 1389년(창왕 1) 2월 박위(朴葳)를 보내 왜구의 근거지인 쓰시마를 공격하여 큰 전과를 올렸다.

전함 100척을 가지고 쓰시마를 공격하여 왜군의 선박 300척과 그 근방 해안의 건물들을 거의 불살라 버렸다. 원수 김종연, 최칠석, 박자안 등이 뒤따라 왔으므로 그들과 함께 붙잡혀 갔던 우리 사람 남녀 100여 명을 찾아 데려왔다.

-『고려사』 박위 열전 중 쓰시마정벌 부분

박위의 쓰시마 정벌의 영향은 대단해서, 왜구가 크게 줄었을 뿐만 아니라 그간 왕래가 없던 류큐(현재 오키나와)에서 그 소식을 듣고 급히 사신을 보내오기까지 하였다. 당시 왜구와 약탈물을 거래하던 류큐는 왜구의 본거지인 쓰시마가 공격당하자 위기의식을 느꼈던 것이다.

일본의 규슈 지역 역시 1390년 무렵이 되면 무로마치 막부 측에서 파견한 규슈탐제 이마가와 사다요(今川貞世)에 의해 정세가 안정화되었고, 이에 왜구가 크게 줄었다. 그리고 조선시대에 접어들어서는 1419년(세종 1년) 이종무(李從茂)의 대마도 정벌로 인해 한반도 주변의 왜구는 더욱 줄어들게 되었다.

외교적 대응-정몽주의 포로 귀환 프로젝트

왜구를 줄이기 위한 일본과의 외교적 노력도 이어졌다. 고려 전기까지만 해도 일본과 고려 간의 직접적인 사신왕래는 많은 편은 아니었으나 우호적인 관계를 유지하고 있었고 상인이 왕래하였다. 하지만 원 간섭기가 시작되고 충렬왕 대에 원의 강요에 의해 원의 일본 원정을 도우면서 고려와 일본의 관계는 경직되고 만다.

14세기 왜구가 걷잡을 수 없이 한반도를 침입하자, 고려는 일본 측에 사신을 보내어 스스로 왜구를 단속해 줄 것을 요청하였다. 사실상 중단되었던 고려와 일본의 외교관계가 왜구 대책을 세우기 위해 다시 시작되었던 것이다. 1370년 이마가와 사다요가 규슈탐제로 부임하면서 왜구 대책에 대한 논의는 급물살을 타게 된다. 왜구는 고려 입장에서는 약탈자였고, 규슈탐제의 입장에서는 반역자였으므로 양자의 이해관계가 일치하였던 것이다.

이와 같은 외교교섭 중 가장 큰 성과를 거둔 것이 바로 1377년 9월 정몽주(鄭夢周)의 사행이었다. 1377년(우왕 3) 봄에 고려에서 왜구 금지를 요청하기 위해 보낸 사신에 대한 답사로 8월 일본 규슈에서 승려 신홍(信弘)이라는 인물을 파견하여 사정을 설명하였다. 고려 측에서는 9월에 답례사로 정몽주를 임명하여 다시 해적 금지를 요구하는 국서를 전하였다. 다음 기록은 정몽주의 귀국에 대한 내용이다.

> 귀국할 때에는 구주절도사가 파견한 주맹인(周孟仁)과 함께 왔으며 뿐만 아니라 포로가 되었던 윤명, 안우세 등 수백 명을 놓아 보내게 하였다.
> 정몽주는 구적들이 우리의 양민 자제들을 노예로 만든 것을 안타깝게 여겨 그들을 해방시켜 오기로 마음을 먹었다. 여러 정승들에게 힘써 권유하고 각각 사재 약간씩 내도록 하고, 또 편지에 이름을 이어 써서 보냈다. 적의 우두머리(이마가와 사다요)가 그 편지 문장이 간곡한 것을 보고 감동하여 포로 백여 명을 귀국시켰다.
>
> -『고려사』 정몽주 열전

위 기록의 날짜를 보면 알겠지만, 9월에 출발하여 이듬해 7월에 돌아올 때까지 10개월이 걸린 프로젝트였다. 내용을 보면 포로들을 돌려받기 위해 사행 전부터 정몽주는 몸값을 모금하는 등 많은 준비를 하였고, 일본에서도 규슈탐제 이마가와 사다요가 감동할 정도로 성심껏 일을 하였음을 짐작할 수 있다. 우리는 정몽주에 대해 유학자이자 문학가, 고려 왕조에 충성을 다한 정치인으로 기억하고 있지만 그는 뛰어난 외교관이기도 했던 것이다.

포은 정몽주 초상 (출처: 위키피디아)

정몽주 이후로도 고려와 일본 사이에 왜구 문제를 놓고 끊임없는 사신 왕래가 이루어지게 되었고, 조선과 일본 사이의 외교 관계는 조선시대까지 이어지게 된다. 무로마치 막부의 장군과 일본 여러 지역의 영주들은 한반도로 사신을 보내어 납치당한 고려의 백성들을 돌려보내면서 외교 관계를 맺어 달라고 요청하였다.

조선시대에 접어들면서는 태종대에 제포(薺浦, 창원 진해구 제덕동)와 부산포(富山浦, 부산 동구 좌천동), 세종대에 염포(鹽浦, 울산 동구 염포동), 이상의 삼포(三浦)를 개항하여 무역을 허가하니, 약탈자였던 왜구는 점차 통교자로 전환되었다.

왜구가 한반도에 미친 영향

14세기 왜구의 대규모 약탈은 한반도의 역사에 큰 영향을 미쳤다. 민간의 피해가 컸을 뿐 아니라, 조운이 중단되는 등 고려의 국가재정 악화를 가져왔다. 또한 왜구를 진압하는 과정에서 이성계를 필두로 하는 신흥무인세력이 성장하였다. 결국 고려의 재정적 궁핍과 신흥무인-신진사대부의 결탁은 고려에서 조선으로 왕조가 교체되는 중요한 요인이 되었던 것이다.

한편으로 왜구로 인해 남부 해안지역이 국경으로 재인식되었고, 조선시기로 이어지는 국가적인 방어체계의 변동 역시 왜구의 영향이 컸다. 또 왜구에 대한 대책을 논의하면서 경직되었던 고려와 일본과의 외교관계가 물꼬를 트게 되었다. 조선왕조는 중국의 명에 비해 일본과의 교역에는 적극적인 편이 아니었다. 그러나 수동적이나마 일본 측이 요구하면 들어주는 자세를 취하였다. 이것은 조선시대 대일본 외교정책의 궁극적인 목적이 왜구 재발 방지에 있었기 때문이었다. (정영현)

해적왕 정성공(鄭成功),
대만의 아버지가 되다

히라도(平戶)에서 탄생한 아시아의 영웅, 정성공(鄭成功)

정성공(鄭成功, 1624~1662)은 17세기 동아시아 해역에서 활동한 군사가, 해상무역가이자 해적으로 중국과 대만뿐만 아니라 일본에서도 영웅으로 숭배되는 인물이다. 그의 아버지 정지룡(鄭芝龍, 1604~1661)은 하문(厦門)을 중심으로 해외무역과 밀수, 해적질과 사략선(私掠船) 활동을 통해 왕후(王侯)에 못지않은 부를 축적해 복건(福建)을 대표하는 해상세력이 되었다. 집안의 사업을 이어받은 정성공은 복건, 절강(浙江), 그리고 광동(廣東)의 동해안을 제압해서 5천 척의 정크를 거느린 해상왕국을 건설했고 대만, 일본, 류큐(琉球, 지금의 오키나와), 필리핀, 베트남, 샴(태국) 등지에도 활동 근거지를 확보하였다.

정성공은 히라도(平戶)라는 특별한 공간에서 중국인 아버지와 일본인 어머니 사이에서 태어났다. 에도막부(江戶幕府)가 외부 세계와의 모든 교류를 금지하던 시기, 동중국해를 건너온 중국인들뿐만 아니라 아프리카를 돌아 인도양을 건너온 서양인들에게 개방한 나가사키(長崎) 서북부에 위치한 섬 히라도에서 어머니와 유년기를 보낸 정성공은 일곱 살이 되어 아버지의 나라 중국으로 건너갔다. 동아시아 해역을 지배하던 해적에서 명나라의 장군으로 변신한 정지룡은 아들이 과거에 급제해 집안을 빛낼 수 있기를 희망하여 정성공에게 전통적인 유가교육을 받게 하였다. 비범한 아들은 향시(鄕試)에 급제하고, 남경(南京) 국자감(國子監) 태학(太學)에 입학하여 관료의 길을 준비하게 되었지만 명나라가 멸망하고 말았다. 약관(弱冠)의 나이로 청나라에 대항해 명나라를 부활시키자는 '항청복명(抗淸復明)' 활동의 지도자가 된 정성공은 이후 동아시아 해역을 지배하는 바다의 제왕이 되었고, 명 왕조의 재건을 위해 대규모 병력과 선단을 이끌며 남경을 공격하고, 네덜란드인들이 점령하고 있던 대만을 수복하며 한 번도 직접 대면한 적이 없는 남명(南明)의 황위 계승자를 황제로 복귀시키는 계획을 펴는 과정에서 죽었다. 그때 그의 나이 39세였다.

하문과 금문(金門)을 주둔지로 하여 '항청복명' 활동을 펼쳤고, 네덜란드 세력을 물리쳐 대만을 수복했고, 해상무역을 재활성화시켰던 정성공은 분명 17세기를 살았던 '초국가적인' 아시아의 영웅적 인물인 동시에 민족주의적 영웅이라는 점에서는 이론이 없다. 그러나 흥미롭게도 그에 대한 평가와 강조점은 동서양의 각국

정성공이 태어난 히라도 해변에 세워진 탄생표지석

최근 히라도에 세워진 정성공 기념관

이 조금씩 달랐다. 영국의 작가 조너선 클레멘츠는 『해적왕 정성공(Pirate King: Coxinga and the Fall of the Ming Dynasty)』에서 "네덜란드인들은 정성공을 해적으로 불렀지만, 영국인들과 에스파냐인들은 그를 왕으로 칭했다. 한족 중국인들은 경우에 따라 해적과 왕의 호칭을 모두 사용했다. 그러나 정작 정성공 자신은 선비요 충신으로 이름이 남기를 원했다."고 적고 있다. 그렇다면 네덜란드와 청나라가 해적이라 불렀던 정성공은 왜 바다를 건너 대만의 아버지가 되고 민족영웅이 되었을까?

네덜란드 동인도회사 대만에 정착하다

17세기, 동아시아 바다에서는 무역선들이 서로가 서로를 나포하는 것이 예사였다. 서양 범선이든 중국의 정크선이든 원양에 혼자 나가는 것은 나포를 각오한 행위였고, 자기도 필요하면 다른 상선을 습격했다. 그들을 일괄적으로 해적이라고는 할 수 없지만 이러한 상선들은 어쨌든 해적(海賊)이나 해도(海盜)로 기록되었다.

아시아 무역의 이익을 독점하기 위해 1602년 설립된 네덜란드 동인도회사(VOC)는 일확천금의 보증수표나 다름없던 중국의 비단과 도자기, 공예품에 눈독을 들여 동중국해로 몰려왔다. 이들이 먼저 노린 곳은 16세기 중반부터 동아시아 해역에서 무역의 주도권을 잡고 있던 포르투갈이 점거한 마카오였다. 지난 20년 동안 몇 차례의 실패를 경험했음에도 불구하고 마카오 점령의 욕망을 버리지 못했던 네덜란드인들은 1623년 또다시 마카오를 침공하였다. 하지만 자신들보다 한 수 아래 전력을 가진 포르투갈 수비대의 유인전술에 말려 참패를 당했고, 네덜란드인들은 마침내 중국 본토와 대만 사이의 팽호도(澎湖島)로 눈길을 돌렸다. 그들은 남은 전력을 추슬러 팽호도에 요새를 건설하고 대포를 설치하며 대중국무역의 교두보를 확보하기 위한 장기전에 들어갔다. 그러나 당시 팽호도는 명의 해금령(海禁令)으로 출입이 금지된 섬이었다. 결국 두 나라 사이에 전투가 벌어졌고 1624년 9월, 7개월 남짓 계속된 무력 공방 끝에 중과부적에 몰린 네덜란드는 강화를 제의했고, 명나라가 제시한 조건에 따라 요새를 파괴한 뒤 팽호도를 떠나 명나라가 관심을 두지 않았던 대만으로 옮겨 갔다.

정성공이 태어나던 1624년, 오늘날 대만 남서부의 도시 대남(臺南) 안평(安平) 지구에 해당하는 대원(大員, Taoyouan)으로 네덜란드인들을 인도한 것은 해적왕 이단(李旦)과 그의 통역이자 부

하였던 정지룡이었다. 원주민어로 '손님'이라는 뜻을 가진 이곳에는 15,000명 정도의 원주민과 중국인들이 살고 있었지만, 그들은 곧 방어 요새를 건설해 무역거점으로 삼고자 했다. 네덜란

드인들은 원주민들을 교화시키고, 중국인과 일본인을 불러들여 쌀과 사탕수수 재배를 시작하고, 열정적으로 전진기지 구축에 매진해 질란디아 요새(Fort Zeelandia)와 프로방시아 요새(Fort Provintia)를 건설하였다.

네덜란드 동인도회사가 대만의 남부에 둥지를 틀 동안, 이곳에 첨예한 이해관계를 갖고 있던 스페인은 상황을 예의 주시하고 있었다. 당시 스페인은 필리핀의 마닐라를 지배하고 있었고 유럽에

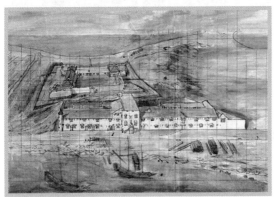

1653년경의 질란디아 요새(상)와 1635년경의 질란디아 요새(하)

선 네덜란드와 교전 상태였다. 스페인은 네덜란드 해상세력의 대만 상륙이 자신들의 마닐라-복건 교역로에 큰 위협이 될 것으로 보고 대응 조치에 나섰다. 1626년 스페인은 함대를 파견해 대만 동북부 기륭(基隆)과 담수(淡水)를 점령하고 이곳에 요새화된 무역 거점을 구축한 것이다. 마카오에 이어 대만이 서양 해상세력의 각축장으로 변하기 시작했다. 당시 이곳은 스페인 외에도 일본 규슈(九州)의 다이묘와 상인들과도 이해관계가 있었다. 일본 상인들은 밀무역선이나 주인선(朱印船)으로 명나라 상인들로부터 생사(生絲)를, 대만 원주민들로부터는 사무라이의 갑옷 소재로 쓰이는 사슴뿔과 가죽을 수입하고 있었던 것이다.

스페인이 대만 북부의 일부 지역을 지배한 지 16년이 되던 해, 네덜란드는 담수에 구축된 산 도밍고 요새(Fort San Domingo)를 침공했다. 1642년 두 차례에 걸친 전투 끝에 스페인의 요새를 점령한 네덜란드는 마침내 대만 전체를 지배하게 되었다. 정성공 집안의 정크선단은 일본의 도쿠가와 막부 초기의 대외교역 방식인 주인무역(朱印貿易)이라든가 중국 및 일본과 교역 루트를 찾아 돌아다닌 포르투갈, 네덜란드, 스페인의 3파전을 교묘하게 이용하며 동아시아 바다에서 해상왕국을 구축하기 시작했다.

정지룡, 동아시아 해역의 해적왕이 되다

복건 남안부(南安府)의 하급관리 집안에서 출생한 정지룡은 18세 때 두 동생을 데리고 가출해 마카오에서 무역업을 하는 외삼

촌 황정(黃程)에게 의탁하였다. 마카오에서 생활하는 동안 정지룡은 포르투갈인과 교류하며 그들의 말을 익혔고, 가톨릭으로 개종하면서 니콜라스 가스파르드 이콴(Nicholas Gaspard Iquan)이라는 세례명도 받았다. 당시 동아시아 해역은 '해적과 다름없었던 상선세력(Merchant marine)'의 각축장이었고, 해적왕 이단의 해상왕국이었다. 필리핀 마닐라에서 화교의 총대(惣代, 總代)로 추대되었던 이단은 만년에 히라도로 옮겨 가서 안드레아 딧티스라는 이름으로 영국상관(英國商館)의 대주(貸主) 노릇을 했고, 자신의 은(銀)을 투자한 주인선을 발전시키며 해상무역을 장악해 서양인들에게서 '중국 두령(Captain China)'이라 불렸던 인물이다. 마카오에서 이단의 부하가 된 정지룡은 형제들과 함께 히라도로 건너가 70대 노인이 된 해적왕의 총애를 받았고, 현지의 하급무사 다가와 시치자에몬(田川七左衛門)의 딸 다가와 마스(田川マス, 1601~1646)와 결혼해 정성공을 낳았다.

전해지는 이야기들에 따르면 정지룡은 교활한 불한당이며, 해적이자 때로는 밀수꾼이고, 미심쩍긴 하지만 여러 외국어에 능통하다고 하며, 위험을 무릅쓸 줄 아는 무역상이었다고 한다. 자신의 계모를 유혹하고, 끝내 집을 뛰쳐나왔던 정지룡은 노회한 '중국 두령' 이단의 의붓아들이 되었고, 그를 수행하여 남으로는 필리핀과 안남, 북으로는 일본으로 항해하였으며, 대만에서 활동하던 이단의 부하 안사제(安思齊)의 딸과 결혼하여 조직 내에서 세력을 키워나갔다. 1625년 이단이 히라도에서 죽음을 맞게 되자 정지룡은 그의 재산을 이어받게 되었고, 대만에서 활동하던 안사제가 죽자 그의 선단을 인수받아 해적 수만 명의 지도자 되었다. 이단과 안사제의 해상세력을 차지하게 된 정지룡은 복건 연해지역에서 해적활동을 펼치며 허심소(許心素)와 같은 경쟁자들을 하나하나 흡수하였다. 당초 100여 척이었던 선대는 수백 척의 배를 거느린 대선단으로 성장하였고, 정지룡은 복건 연해지역의 해적을 통합한 해적왕이 되었다.

1627년 명나라 조정은 '해적으로 해적을 물리칠(盜以制盜)' 목적으로 정지룡을 불러들였고, 그는 하문 지방정부에 형식적인 항복을 하고 "휘하의 부하들로 하여금 더 이상 소란을 피우는 일이 없도록 할 것이며, 차차 이들을 해산시켜 나갈 것을 약조"했다. 복건도독(福建都督)은 정지룡에게 임시 관직을 주어 주변 지역의 해적을 제압하도록 했고, 그는 정부의 승인하에 자신을 이단의 진정한 후계자로 인정하지 않던 반대세력들을 척결하였다. 정지룡과 그의 함대는 남중국해 해운은 물론 자바, 필리핀, 대만, 일본에 걸친 해역의 왕자로 군림하게 되었다. 이에 위협을 느낀 네덜란드 동인도회사가 호시(互市)를 요구하며 남중국해에 출현하여 하문을 침공하고 명의 군선과 정씨 집안의 배들을 침몰시키자 명나라 오호유격장군(五虎遊擊將軍) 정지룡은 복건과 하문의 수군을 모아 요라만(料羅灣)에서 그들의 함대를 물리쳤다. 이후 총병(總兵)으로 승진한 정지룡은 중국과 동서양의 무역상선에 동아시아 해역에서의 항해 안전을 보장하는 통행권을 발급하여 매년 천만금을 거두어들이는 장군이자 해적이 되었다.

정성공, 국성야(國姓爺)가 되다

히라도에서 활동하던 중국인들 사이에서 정성공의 생모는 히라도번의 사무라이 시치자에몬의 딸 다가와 마스이지만, 그의 진정한 어머니는 바로 바다의 여신 '마조(媽祖)'라는 전설이 있었다. 바다의 여신은 정성공이 태어나던 날 아침에 폭풍우의 정령과 거대한 고래의 모습으로 나타났으며,* 그 후 정성공의 평생에 걸쳐 그의 항해를 보살펴 주었다는 것이다. 정성공의 초명인 복송(福松)의 일본어 발음 '후쿠마쓰'의 '마쓰'는 바다의 여신인 '마조'와 같은 발음이기도 하다.

정성공의 수호신이라 불렸던 항해 보호의 여신 마조(媽祖)

명나라 조정의 부름을 받아 장군이 된 해적왕 정

---

* 『대만외지(臺灣外誌)』에는 정성공이 태어나기 전날 세찬 비바람이 불어닥친 상황을 다음과 같이 전하고 있다. "새벽 하늘은 아직도 어두움에 잠겨 있었다. 세차게 몰아치는 빗발은 마치 오랑캐들이 사방으로 칼을 휘두르며 난도질하는 듯했고, 거센 바람에 모래와 돌멩이가 날아갈 정도였다. 파도는 북소리를 내며 해변으로 몰아닥쳤다. 제 아무리 용감한 자라 할지라도 천지를 뒤흔드는 듯한 그 광경에 공포를 느꼈다."

지룡은 1630년, 일곱 살이 된 정성공을 그의 고향인 천주 안평(安平)으로 불러들이고 가정교사를 붙여 유가교육을 받게 하였다. 비범한 재주를 지녔던 정성공은 15세에 과거의 최초 관문인 향시에 급제하여 생원이 되었고, 고등교육을 받기 위해 남경으로 유학길에 올라 저명한 학자이자 문인인 전겸익(錢謙益)의 문하에서 공부하게 되었다. 스승 전겸익은 그에게 학문뿐만 아니라 삼(森)이라는 이름과 대목(大木)이라는 자를 지어 주었다. 1644년, 21세의 나이로 남경 국자감에서 수학하게 된 정성공은 관리의 꿈을 키워 나갔지만 불행히도 그해 4월 만주족의 침입을 받은 명나라는 멸망하고 말았다.

다음 해 만주족과 몽골족의 팔기군(八旗軍)이 남경을 점령하자 정지룡은 복건으로 돌아와 자신의 군사력을 바탕으로 명의 황손인 당왕(唐王) 주율건(朱聿鍵)을 가황제(假皇帝)로 옹립했다. 남명의 황제가 된 융무제(隆武帝)는 22세의 유생 정삼(鄭森)을 신임하여 어영중군도독(御營中軍都督)이라는 관직을 내리고, 성공(成功)이란 이름과 함께 황실의 주(朱)씨 성을 하사하였다. 이때부터 정성공은 황실의 성을 쓰는 자라는 존칭의 뜻을 지닌 국성야(國姓爺)로 기록되기 시작했고, 이후 외국인 관찰자들이 '국성야'의 복건 방언인 'Koksenya'를 기록에 남기면서 '콕싱아(Coxinga)'로 바뀌어 표기되는데, 그 철자가 오늘날까지 서양인에게 전해지게 된 것이다.

1646년 융무제가 청나라 군대에게 붙잡혀 죽음을 맞게 되자 정지룡은 집안을 지키기 위해서라는 이유를 대며 청나라에 투항을 결정하였다. 그러나 국성야 정성공은 100여 명의 군사를 이끌고

정성공의 이야기를 소재로 한 〈국성야합전(國性爺合戰)〉 가부키 공연의 한 장면

중원에서 복건으로 통하는 선하령(仙霞嶺)을 지키며 이민족 침략자들에 맞섰다. 같은 해 히라도에서 중국으로 건너온 정성공의 어머니 다가와 마스는 10년 만에 아들과 상봉했지만, 청의 군대가 복건성으로 침입할 때 이에 맞서 싸우다 형세가 불리해지자 단도로 자신의 목을 찌르고 성벽 아래 해자로 몸을 던졌다고 한다. 병사를 이끌고 복건으로 철수한 정성공은 어머니의 죽음을 전해 듣고 절규하며 불구대천(不俱戴天)의 원수 청나라에 대한 처절한 보복을 맹세했다.

정성공은 더 이상 희망이 없는 남명정부에 미련을 갖지 말라는 아버지의 지시를 어기고, 육지와 바다 양쪽에서 군대를 모아 '항청복명' 투쟁을 이어 나갔다. 청나라에 투항한 정지룡과 달리 국성야 정성공은 광동 조경(肇慶)에서 새롭게 황제로 옹립된 영력제(永曆帝)를 지지하였고, 이에 감동한 남명의 황제는 1655년 한 번도 만나본 적이 없는 그에게 연평왕(延平王)이라는 작위를 하사하였으며, 역사는 그를 충신으로 기록하였다.

정성공, 하문(廈門)에서 세력을 키우다

만주족 침략군을 피해 고향 안평으로 돌아온 정성공은 공자 사당을 찾아 입고 있던 유생의 복장을 불에 사르고 갑옷과 투구로 무장한 후, 집안사람들과 부하들 앞에서 "대장부의 삶에는 독립할 때가 오기 마련"이니 집안을 지키기 위해 청나라에 투항한 아

복건성 하문시 고랑서(鼓浪嶼)에 세워진
정성공의 동상

버지의 뜻과 달리 정씨 집안의 모든 재산을 중원에서 만주족을 몰아내는 데 쓸 것임을 공언했다. 마지막 순간까지 청나라에 대항하여 명나라를 재건한 충신이 되기를 맹세한 정성공은 1647년 1월 일족과 부하들을 이끌고 정씨 집안의 해상근거지인 금문도(金門島)로 향했다.

뛰어난 전략과 강한 지도력을 갖춘 정성공은 금문과 하문의 두 섬을 중심으로 해서 흩어졌던 세력들을 규합하고, '항청복명' 투쟁의 본거지인 하문을 '사명주(思明州, 명나라를 생각하는 고향)'라 바꿔 불렀다. 정성공은 사명주에 연무정(演武亭)을 짓고 연해 각지에서 불러 모은 병사들을 직접 조련하고, 전마(戰馬)를 사들이는 등 항전의 토대를 강화해 나갔다. 정씨 집안의 군대는 절강, 복건, 광동성 등 동남부 해

안으로 반청활동을 넓혀 나갔고, 청나라 군대의 힘이 미치지 않는 이 지역은 사실상 정씨 집안의 영지가 되었다. 높은 작위와 권력을 주겠다는 청나라의 끈질긴 유혹을 뿌리치고, 광동 내륙에 있는 남명 영력제의 신하임을 자부한 국성야 정성공은 집안의 선단을 이용하여 명나라의 종친들과 백성들을 대만과 동남아 지역으로 도피하도록 해 주었다. 청나라에 투항할 것을 간청하는 정지룡에게 "이제껏 부친께서는 저에게 충(忠)으로 가르치셨고, 자식을 악(惡)으로 가르치는 것을 듣지 못했습니다. 그러나 지금 아버님께서는 저의 충성된 말을 듣지 않으시니, 뒷날 어떤 일이 있을지 예측하기 어려우나 소자는 오직 소복을 입고자 할 따름입니다."라는 서신을 보내 부자의 연을 끊고, 사명주에서 남경 탈환을 위해 군사를 키워 나갔다.

그러나 만 명이 넘는 군대를 이끌어서 청나라와 대치하는 과정에서 큰 주둔지를 수복하고, 군량과 급료를 확보하고, 무기와

선박을 제작할 경비를 마련하기는 결코 쉽지 않았다. 정성공은 부족한 군자금 조달을 위해 오대상(五大商)이라는 비밀조직을 운영하였는데, 이들은 사명주와 천주, 복건 등 정씨 집안 세력권 내의 항구에는 '인·의·예·지·신(仁·義·禮·智·信)'이라는 오행(五行)의 비밀 객주를, 항주(杭州) 등지에는 '화·수·목·금·토(火·水·木·金·土)'로 불리는 오행의 비밀상단을 조직하여 내지에서 생산되는 생사(生絲)와 견직물을 구입하여 일본과 동남아 등지에 수출하는 무역활동을 재개했다. 청나라의 수도 북경까지 활동영역을 확장한 오대상들은 경제적인 활동 외에도 내지에서 첩보활동을 펼쳐 청나라 조정과 군대의 동정을 정성공에게 전달하였다. 오대상들이 전한 비밀정보는 정씨 집안이 압도적인 군사력을 가진 청나라 군대에 맞서 장기적인 저항을 가능하게 하는 배경이 되었다. 또한 교역선과 항로에 있어서는 동중국해의 일본과 대만, 필리핀으로 항해하는 동양선(東洋船), 남중국해의 대만, 샴, 아유타야 등지를 항해하는 서양선(西洋船)으로 나누어 대외무역을 확장해 나갔다. 청의 지배력이 미치지 못했던 동아시아 해역은 여전히 정씨 집안의 해상왕국이었고, 정성공은 이 해역을 항해하는 화교 상인들과 각국 상선들의 안전을 보장하는 영패(令牌)를 발급하여 군자금을 확보하였다. 청나라 조정에서 볼 때 정성공은 새로운 왕조에 대항하는 불온한 해적임에 틀림없었다.

정성공, 바다를 건너 남경을 공격하다

'항청복명'의 본거지 하문을 '사명주'라 바꿔 부른 이래로 정성 공은 명나라 재건을 위한 결정적인 군사행동에 나설 시기를 심사 숙고하고 있었다. 만주족이 남경으로 진군한 이후 10년 동안 정씨 집안은 오대상이라는 비밀상단을 전국적으로 운영하고, 그들의 선단을 더욱 먼 동아시아 해역까지 보내며 군자금을 확보하고 세 력을 키웠던 것이다. 1658년 7월, 정성공은 드디어 10만이 넘는 병 력과 크고 작은 전함 수백 척을 이끌고 남경 수복을 위한 북벌에 나섰다. 양자강 하구에서 장황언(張煌言)의 병력과 합류한 정성공 의 부대는 강 한가운데 있는 섬에서 사흘간 재물을 바치고 출정의 식을 거행하였다. 마지막 날 흰 비단옷으로 차려입은 정성공은 명 왕조를 건국한 태조에게 예를 올린 후, 전 함대의 돛에 흰색 깃발 을 높이 올리고 출정을 선포하며 자신감이 넘치는 시를 지어 전군

남경으로 진공하는 정성공 함대

의 사기를 고취시켰다.

> 흰 비단옷을 차려 입고 강가에서 오랑캐를 멸하리라 맹서하니
> 縞素臨江誓滅胡(호소임강서멸호)
> 강력한 군사 10만은 오나라 땅을 삼킬 기세라네.
> 雄師十萬氣吞吳(웅사십만기탄오)
> 대군의 채찍으로 양자강을 메우고 건너고자 하니
> 試看天塹投鞭渡(시간천참투편도)
> 중원이 주씨의 땅이 아님을 믿지 않는다네.
> 不信中原不姓朱(불신중원불성주)

남경 수복을 위한 북벌에 나선 정성공의 10만 대군은 1659년 4월, 양자강의 요충지를 차례차례 점령한 뒤 남경을 포위 공격하여 청나라를 공포에 떨게 만들었다. 강남(江南)지역 유민들의 항청 분위기도 고조되었다. 그러나 그것도 잠시, 승리에 도취해 상대의 전력을 무시한 정성공은 청나라 군대의 기습을 받아 최측근 장수 감휘(甘輝)를 잃고, 적의 속임수에 빠져 전후방의 적으로부터 공격을 받아 전세가 역전되면서 결국 패퇴하고 말았다. 남경 수복을 위한 그의 10년 동안의 절치부심이 수포로 돌아가는 순간이었다.

남경을 지켜낸 청의 순치제(順治帝)는 골치 아픈 정성공의 선단을 궤멸시킬 획기적인 방안을 모색하게 되었다. 이때 정성공과 동고동락했던 황오(黃梧)란 자가 천계령(遷界令), 즉 광주(廣州)에서 북경 근처에 이르는 중국의 해안을 내륙 50km까지 완전히 소개(疏開)시키는 전략을 내놓았다. 곧 그 범위 내에 있는 사람도 물자

도 선박도 가옥도 그 어떤 것도 비워지고 남김없이 파괴되고 불태
워지기 시작했다. 시간이 흐르면서 천계령의 효과가 나타났는데,
정성공의 해상세력은 내륙의 비밀조직과도, 남명의 영력제와도 연
락이 두절되었고 더 이상 육상으로부터 물자공급을 받지 못하게
되었다. 이때부터 정성공은 다음 행선지로 대만을 염두에 두기 시
작했다. 바다가 적을 막아 주는 만큼 대만에서라면 해금령이나 국
지적인 소모전 등에 신경 쓸 일 없이 본토 수복 준비에만 전념할
수 있을 것 같았다. 하지만 그곳에는 견고한 선박과 강력한 대포
로 무장한 네덜란드 동인도회사가 버티고 있었다.

정성공, 바다를 건너 대만을 수복하다

남경 수복을 위한 원정에 나선 정성공의 군대에게 큰 타격을 입
힌 청나라는 여세를 몰아 강남지역의 모든 전함을 집결시키고 대
규모 병력을 동원하여 반청 해상세력의 본거지인 하문을 압박해
왔다. 이미 육지의 지배지역을 크게 상실하고, 천계령의 영향으로
내지의 비밀상단과 연락이 두절되어 병사들에게 지급할 군량과
급료를 확보하기 어려운 상황이었다. 하문과 금문열도를 중심으
로 세력을 유지하고 있던 정성공은 마침내 최후의 결단을 내렸다.
네덜란드 동인도회사의 통역으로 일하다 투항한 하빈(何斌)의 의
견을 받아들여 대만을 점령하여 장기적인 반청복명의 항전기지로
만들 결심을 굳힌 것이었다. 1661년 3월, 정성공은 2만 5천의 병력
과 전함 900척을 거느리고 금문도의 요라만을 떠나 대만을 향해

출정하였다. 팽호도에서 전열을 재정비한 정성공의 군대는 악천후
와 높은 파도를 뚫고 마침내 대만 해안에 도착하였다. 40년 가까
이 네덜란드 지배하에 있던 대만 수복을 눈앞에 둔 정성공은 「대
만을 수복하며[復臺]」라는 시에 자신의 감회를 담았다.

가시덤불 걷어내고 네덜란드 오랑캐를 축출하여
開闢荊榛逐荷夷(개벽형진축하이)
십 년 만에 비로소 선친이 마련한 기틀을 회복코자 하네.
十年始克復先基(십년시극복선기)
전횡은 언제나 삼천의 식객을 거느렸다는데
田橫尚有三千客(전횡상유삼천객)
시련과 고통 속에서도 차마 떠나지 않았다네.
茹苦間關不忍離(여고간관불인리)

제(齊)나라의 왕족으로 형제들과 연합하여 진(秦)나라에 패망한
조국을 재건했던 전횡은 초한(楚漢) 전쟁 중 항우(項羽)에게 패해
다시 나라를 잃었고, 자신을 따르는 빈객 5백여 명과 함께 동해의
섬으로 들어가 은거하였다. 스스로를 전횡에 비유한 정성공은 온
갖 시련과 고통이 따르더라도 대만에 웅거하며 본토 수복의 의지
를 꺾지 않겠다는 뜻을 시로써 밝힌 것이었다.
　그러나 대만 정복은 결코 쉽지 않았다. 강력한 포대를 갖춘 질
란디아 요새의 네덜란드 군대는 정성공의 공격에 완강하게 저항
했다. 하지만 병력 수에 있어 10배 이상의 우위를 점했던 정성공
군대는 9개월간의 지난한 전투를 통해 해전과 육상전에서 잇달아

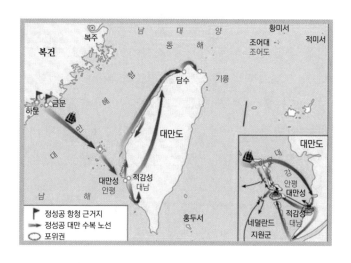

승리하고, 프로방시아 요새를 점령한 후 여세를 몰아 네덜란드 식
민정부의 근거지인 적감성(赤嵌城) 점령을 눈앞에 두었다. 대만의
네덜란드 총독 코예트는 마침내 정성공에게 화의를 제의하고, 18
개 조항의 항복문서에 서명했다. 1662년 2월 1일 네덜란드인 900
여 명은 총독의 지휘하에 장전된 총기를 소지한 채 깃발을 흔들
고 불꽃을 터뜨리고 북을 두드리며 승전군처럼 배에 올라 동인도
회사의 본사가 있는 바타비아를 향했다. 정성공의 군대에 패해 대
만에서 쫓겨난 네덜란드인들이 그를 우상을 숭배하는 이단자이자
악마의 추종자와 같은 해적이라 기록한 것은 어쩌면 당연한 일일
것이다.

　네덜란드인들이 건설한 프로방시아 요새를 자신의 관저로 정
한 정성공은 대만을 대명 왕조의 동쪽 수도(東都)라 부르고, 적
감 지방을 승천부(承天府)로 삼고 명나라의 중앙관제를 모방하여
육관(六官)을 설치하였다. 또 천흥현(天興縣)과 만년현(萬年縣)을

설치하여 각각 승천부의 북쪽과 남쪽지역을 관할하게 하고, 대만 전역을 순방하며 새로운 왕국 건설에 힘을 쏟았지만 그의 명은 짧았다. 지난 10년 동안 계속된 전쟁의 피로에다 열대성 질병이 정성공의 몸을 덮친 후 그는 더 이상 일어나지 못했다. 청나라에 투항한 아버지 정지룡이 북경에서 능지처참 당한 다음 해, 남명 영력제의 부음(訃音)을 받아 든 정성공은 39세의 나이로 세상을 떠났다.

정성공의 지위를 계승한 아들 정경은 대만을 '동녕국(東寧國)'이라 부르고 국왕이라 자칭하였다. 하지만 삼번(三藩)의 난을 평정한 젊은 황제 강희(康熙)는 한때 정성공의 부하였던 시랑(施琅)을 선봉장으로 임명하고 2만의 병력과 300척의 함대를 파견해 1683년 대만을 정복하고 말았다. 정씨 일가의 패망과 함께 명 왕조 재건의 꿈도 사라졌다. 그러니 정씨 일가와 힘께 대만으로 이주한 중국인들과 그들의 후예들에게 있어 정성공은 여전히 충성스러운 남명의 '연평왕(延平王)'이자 대만을 개국한 성군[開山祖]으로 기억되었다. 정성공의 영광은 그가 죽고 200여 년이 지난 후, 중국이 외국 열강의 위협을 받으면서 절정에 달했다. 정성공은 바다를 건너온 서양 오랑캐를 물리친 최초의 중국인 전사로 받들어지면서, 그를 기리는 사당이 세워지고 신격화되었다. 지금도 대만 주민들은 죽은 정성공에게 복을 빌고, 그의 이름을 딴 대학교를 세우고, 그의 이름이 새겨진 맥주를 마시며 그에 대한 존경과 사랑을 이어가고 있다. (최낙민)

대만 사람들이 즐겨 마시는 성공맥주(왼) 대만성공대학(오른)

정성공을 모신 대남(臺南)의 연평군왕사(延平君王祠)

남중국해의 약탈자, 홍기방(紅旗幫)과 해적들

19세기 남중국해와 중국 유일 개항장 광저우

　17세기 초, 북방의 만주족이 산해관을 넘어와 명 왕조를 무너뜨리고 청 왕조를 세웠다. 중원의 넓은 땅을 통치하게 된 만주족은 다수인 한족을 통치하기 위해 명 왕조의 기본적인 체제를 그대로 계승한다. 청 초기 만주족은 명 왕조의 해상정책을 계승하고, 또 정성공(鄭成功) 등의 해상세력을 경계해 강력한 해금령(海禁令)을 시행했다. 하지만 왕권이 안정기에 접어든 강희제에 이르러 완화된다. 강희제는 61년의 기나긴 치세 동안 삼번(三藩)의 난을 진압하고 타이완을 수복했으며, 국내 정세를 안정시켜 왕조 번영의 기틀을 다졌다. 자신감을 얻은 강희제는 1685년 그동안 시행하던 해금령을 일부 해제하고, 해관(海關, 세관)을 설치하는 등 대외무역을 허용한다. 그로 인해 18세기 중반까지 대외무역이 번성했고, 특히 물자가 풍부한 강남을 배후지로 두고 일본무역이 용이했던 닝보(寧波)의 항구가 번영했다. 하지만 좋은 시절은 그리 오래가지 못했다. 1757년, 강희제의 손자인 건륭제는 남방 순시 기간에 외국인들이 개항장에서 일으키는 소동들을 본 후, 광저우(廣州)를 제외한 모든 개항장의 폐쇄를 명한다. 그로 인해 중국과 무역을 하려는 외국인은 모두 광저우로 향하는 수밖에 없었다.

광저우가 대중무역의 유일한 개항장으로 지정되자, 각 나라의 상선들이 광저우로 몰려들기 시작한다. 영국의 동인도회사(East India Company) 같은 거대 독점 기업뿐만 아니라 '항각무역(港脚貿易, Country Trade)'*에 종사하는 항각상인들도 모두 일확천금을 꿈꾸며 배에 몸을 실었다. 그들은 인도에서 여름의 남서 계절풍을 타고 싱가폴을 지나 마카오 근처의 정박지에 기항했다. 그리고 중국 내해를 항해하기 적합한 배로 갈아타고, 주강(珠江)을 거슬러 광저우에 상륙했다. 동인도회사와 항각상인들은 주로 인도에서 재배한 아편을 싣고 중국으로 향했고, 중국에서 주로 차(茶), 비단 등을 구입해 다시 봄의 북동 계절풍을 타고 귀국길에 올랐다. 광저우에는 영국, 미국, 네덜란드, 프랑스, 포르투갈, 스웨덴 등의 외국 회사들의 회관(factory)이 연안을 따라 길게 늘어섰고, 회관 앞에는 각 나라의

---

* 항각무역(港脚貿易): 중국에서는 아편전쟁 이전 동인도회사 소속의 개인 상인, 혹은 동인도회사 소속은 아니지만 광저우에서 무역에 종사하는 영국 혹은 인도 상인 등을 '항각상인'이라고 하고, 이들이 하는 무역을 '항각무역'이라 한다.

1부 바다를 횡단한 무법자들

광저우의 외국 회관들(factories)

국기가 휘날렸다. 18세기 중반부터 아편전쟁(1840)이 발발하기 전까지 광저우는 중국 제일의, 그리고 유일의 국제도시로 번영했고, 마카오부터 주강을 따라 광저우에 이르는 바닷길은 화물을 가득 실은 각국의 상선과 중국의 정크선으로 가득했다. 하지만 산길을 오가는 사람이 많아지면 산적이 모여들 듯, 바닷길을 오가는 상선이 많아지자 해적들이 모여들기 시작한다. 광저우로 가는 길목에 숨어 있다가 선박을 공격하는 약탈자들, 바로 남중국해의 해적들이었다.

남중국해의 해적들

해적이라고 하면 대부분의 사람들은 서양의 해적을 떠올린다. 소설이나 영상매체에 등장하는 해적들은 거친 바다 어딘가에 숨겨진 보물을 찾아 떠나는, 자유를 꿈꾸는 낭만적 인물이거나, 재물 앞에 배신을 일삼는 잔인하고 흉포한 무리로 그려진다. 만일 우리에게 익숙한 해적의 이미지를 남중국해의 해적에 대입한다면, 아마 대부분의 사람들은 실망할 것이다. 왜냐하면 그들 대부분은 배를 타고 물고기를 잡던 어부이거나 배를 타던 평범한 선원들이었기 때문이다. 남중국해의 해적들은 어업 성수기에는 물고기를 잡아 생활하고, 비수기에는 먹고살기 위해 바다로 나가 해적이 되었다. 그들은 중국 전통배를 타고 수상생활을 했는데, 중국 내륙인들은 그들을 '단자(疍家)'라 불렀고, 외국인들은 '탕카(Tanka)'라 불렀다. 그들의 기원이 언제부터인지 정확히 알 수는 없지만, 과거

광둥지역에 거주하던 월(越)의 후손이라는 설도 있고, 송나라 말기나 명나라 말기, 주로 왕조의 혼란기에 육지에서 바다로 쫓겨난 사람들이었을 것으로 추측하기도 한다. 바다를 삶의 터전으로 생활하는 수상민을 통칭해 '단자'라고 하지만, 사실 이들을 하나의 집단으로 묶어 이해하기는 힘들다. 그들은 호구(戶口)가 없어 나라의 보호를 받지 못했고, 교육도 받을 수 없었으며, 당연히 과거에 응시할 수도 없었다. 바다를 터전으로 생활한다는 점 외에 그들을 하나로 묶을 수 있는 구심점이 없었다.

남중국해의 '단자'들은 어업 비수기가 되면 주로 혈연을 기반으로 한 가족끼리, 혹은 지인이나 유대관계가 있는 집단끼리 작은 정크선을 이용해 약탈 활동을 했다. 소규모의 집단이 때에 따라 이합집산을 거듭했고, 또 어업 성수기가 되면 다시 양민으로 돌아갔다. 그들에게는 함선도, 무기도 없었고, 조직력도 없었으며, 그들을 하나로 이끌 강력한 우두머리도 없었다. 해적들은 대포로 무장한 동인도회사의 상선은 감히 건들지 못했다. 다만, 그들은 수심이 얕고 깊은 바닷길이나 바람과 조류의 흐름 등을 잘 알았으므로, 지리적 이점을 이용해 작은 배들을 공격하거나 연안의 작은 마을을 공격했다. 청 조정이 해적 문제를 우려하지 않은 것은 아니었지만, 해적의 피해가 커지면 곧장 수군을 출병시켜 제압 가능했으므로, 그다지 큰 문젯거리로 인식하지 않았다. 하지만, 1791년 이후 남중국해의 해적들은 갑자기 통제하기 힘들 정도의 강력한 세력으로 성장하기 시작한다.

중국의 정크선(출처: wikipedia)

베트남 떠이 썬 반란과 해적연맹의 결성

남중국해 해적의 성장은 베트남에서 발생한 떠이 썬 반란과 밀접한 관계가 있다. 베트남은 16세기 이후 레(黎) 왕조의 통치 아래 있었다. 18세기 말 응우옌 형제가 추종자들을 이끌고 반란을 일으키는데, 이를 '떠이 썬(西山) 반란'이라고 한다. 떠이 썬 반란은 수십 년간 지속되는데, 반란군은 지리적으로 인접한 중국 광둥의 해적들에게 공조를 요청한다. 남중국해의 해적들은 반란군으로부터 관직을 받고 자신들이 보유하고 있던, 혹은 약탈한 배와 무기를 동원해 반란에 뛰어들게 된다. 베트남 반란의 참여는 그동안 사회의 하층민에 속했던 해적들을 왕조 창업에 공헌하는 인물로 변모시켰고, 이들이 하는 약탈 행위에 합법성을 부여했다. 남중국해의 해적들은 베트남 반란군의 후원으로 무장 선박과 뛰어난 화력을 가진 대포도 손에 넣을 수 있었고, 무엇보다 중국과 베트남 인근에 그들이 근거지로 삼을 만한 안전한 활동 공간을 확보할 수 있었다. 베트남에서의 전투는 남중국해의 해적들을 죽음으로 내몰기도 했지만, 전투에 참여했던 해적들 간의 연대와 조직력을 강하게 만드는 계기로 작용했다.

떠이 썬 반란은 결국 실패로 돌아갔고, 해적들은 다시 광둥으로 돌아왔다. 돌아온 해적들은 이제 자신들의 조직을 만드는 등 본격적인 해상활동을 시작한다. 바야흐로 해적의 시대가 시작된 것이다. 크고 작은 해적단이 있었으나, 시간이 지나면서 점차 소속과 세력에 차이가 두드러졌다. 그중 규모가 큰 해적단 6개가 있었는데, 그들은 해적선에 단 깃발의 색깔로 자신들의 소속을 나타냈다. 이에 무리를 뜻하는 방(幫)을 붙여 그들을 홍기방, 흑기방, 백기방, 황기방, 남기

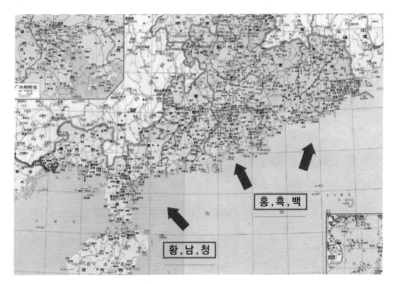

해적연맹의 활동범위와 레이저우 반도

방, 청기방으로 불렸다. 그들은 서로 이권을 두고 다투기보다 서로 연맹을 맺는 것이 유리하다는 것을 깨달았다. 과거의 해적들은 한 척의 해적선이 독립된 조직으로 움직였기에 이들을 하나의 명령체계로 귀속시키기 쉽지 않았다. 하지만 떠이 썬 반란에 참여했던 전투 경험은 그들에게 조직력을 심어주었고, 또 해적단의 우두머리 6명 중 5명이 떠이 썬 반란에 참여한 경험이 있었다. 그리고 이러한 유대감은 남중국해에서 전례 없는 해적연맹의 성립을 가능하게 만들었다.

해적연맹은 그들 내부의 질서 수립을 위해 소속 선박을 방파에 등록하도록 해 소속을 확실히 했고, 각 해적단 우두머리들이 서명한 협약서를 공유했다. 협약서는 소속 표기, 해상에서의 해적 활동 규정, 외부와의 관계 등에 관한 8개 조항으로 구성되어 있었는데, 해적 활동 중 부상을 입을 경우의 의료보험과 보상에 대한 책임도 명시되어 있었다. 그들은 협약서를 필사해 각 지파에 보내 협약 내용을 준수하도록 했고, 연맹의 유지를 위해 공동 재정을 관리하고 내부 분쟁을 조정하는 기구도 만들었다. 그리고 활동 범위를 나누어 광둥성의 중앙과 동쪽은 홍기방·흑기방·백기방이 관할하고, 서쪽은 황기방·남기방·청기방이 관할하는 것으로 나누어 연맹 세력 간 이권 다툼의 소지를 방지했다. 이러한 연대를 기반으로 해적들은 청 조정의 힘이 미치지 못하는 외딴 섬 곳곳에 자신들의 요새를 마련했고, 그곳에서 대규모 선박을 제조하거나, 각종 무기를 만드는 등 점차 자신들의 힘을 키워나갔다.

홍기방, 새로운 해상권력의 부상

해적단의 활동은 연맹의 협약을 지키는 범위 안에서 상당한 자율성이 있었다. 그로 인해 우두머리의 능력에 따라 해적단의 규모와 역량을 키울 수 있었다. 연맹의 방파 중 가장 강력한 세력으로 부상한 것이 바로 홍기방이다. 원래 홍기방의 두목은 정치(鄭七)였다. 그는 떠이 썬 반란 때 배 200척을 이끌고 참가했으나, 해전에서 사망한다. 이어 그의 사촌동생 정이(鄭一)가 홍기방을 이어받았다. 정씨 집안은 대대로 해적활동에 잔뼈가 굵은 해적 집안이었다. 그의 선조인 정젠(鄭建)은 해적 정성공의 수하였지만, 정성공을 따라 타이완으로 가지 않고 광둥으로 이주한다. 이후 그의 자손 중 일부가 광둥 연안을 악탈하며 해적으로 살았고, 정치와 정이 대까지 일종의 가업으로 이어져 내려온 것이다. 정이는 집안의 지지와 타고난 카리스마로 홍기방의 기반을 다졌다.

하지만 홍기방을 전성기로 이끈 것은 정이가 아니었다. 홍기방을 남중국해 연맹을 이끄는 가장 강력한 세력으로 키워낸 것은 그와 가장 가까웠던 두 사람이었다. 한 명은 그의 아내 스샹구(石香姑)였고, 또 다른 한 명은 양자 장바오(張保)였다. 세상 사람들은 스샹구를 정이의 아내라는 의미로 '정이싸오(鄭一嫂)', 그리고 장바오의 이름 뒤에 어린 녀석, 어린 놈이라는 의미의 '짜이(仔)'를 붙여 '장바오짜이'라고 불렀다. 정이의 사망 후 정이싸오는 남편의 뒤를 이어 홍기방의 수장이 된다. 봉건적 전통사회에서 여성이 집단의 우두머리로 군림한다는 것이 얼핏 상상하기 힘들 수도 있으나, 해적 사회는 전통 유교 관념이 지배 이데올로기로 작동하는 곳이 아니었다. 그리고 여성이

호르헤 루이스 보르헤스의 소설 「여 해적 과부 칭(La viuda Ching,
pirata)」(1933)의 삽화. 오른쪽에 치마를 입은 여인이 정이싸오.

배에 오르면 부정탄다는 전통적 금기도 적용되지 않았던 듯하다. 정이싸오는 정씨 집안의 세력과 정이에게 충성하던 부하들을 자신의 지지 세력으로 확보함으로써 방과 내 자신의 기반을 공고히 했다. 그중 그녀의 가장 든든한 조력자는 바로 정이의 양자이자 홍기방의 지휘관 장바오였다. 당시 홍기방은 300척의 해적선과 2만에서 4만으로 추정되는 부하들을 거느리고 있었다. 정이싸오는 장바오를 지휘관으로 삼아 광둥성의 레이저우(雷州) 반도, 하이난다오(海南島), 다위산(大嶼山) 등에 전략적 요충지를 마련하고, 그들의 활동 거점인 마카오와 주강의 연안지역을 중심으로 점차 세력을 확장해 나간다.

해적의 전설, 장바오

홍기방 해적으로 가장 유명한 사람은 장바오로, 현재 홍콩에 가면 장바오가 보물을 숨겨뒀다고 전하는 동굴도 있고, 장바오를 주인공으로 한 드라마, 영화, 그리고 가극도 만들어졌다. 장바오는 상당히 극적인 인생을 산 인물이었다. 장바오는 광둥성 신후이(新會) 장먼(江門) 출신으로, 원래 평범한 어부의 아들이었다. 15세 되던 해, 아버지를 따라 고기잡이를 나섰다가, 바다에서 정이가 이끄는 홍기방 해적들에게 납치되어 노예가 된다. 당시 해적은 정씨 집안처럼 자발적으로 이 일에 투신하기도 했으나, 장바오처럼 해적에게 납치되어 강제로 해적이 되기도 했다. 해적이 되기를 거부하면 곧 잔인하게 살해당했으므로, 그들로서는 다른 선택이 없었다. 해적 장바오의 신화는 바로 여기서 시작한다. 기록에 따르면, 장바오는 매우 수려한 용모를 지녔다고 한다. 정이는 장바오를 보자마자 곧 그에게 반하고 만다. 당시 해적 사회에서는 동성애가 보편적이었다고 한다. 장바오는 정이의 동성애 대상으로 상당한 총애를 받았다. 다만, 장바오는 용모만 수려했던 것이 아니라 말재간도 뛰어났고, 굉장히 총명했다. 정이의 총애와 타고난 총명함을 바탕으로 장바오는 홍기방에서 단기간에 파격적으로 승진한다. 그리고 정이가 죽은 후 장바오는 홍기방 내에서 최고 지휘관의 자리에 오른다.

정이싸오를 제외한 홍기방 최고 지위에 오른 장바오는 규율 3조를 제정한다. 규율은 배운 것 없고 조직력이 느슨한 해적 사회의 특성에 맞추어 만들었는데, 내용은 다음과 같다. 첫째, 홍기방의 관리에서 벗어나 제멋대로 육지에 올라서는 안 된다. 둘째, 약탈품은 공개된 장소에서 금액을 센 후, 8할은 공동기금으로 귀속하고 2할은 약탈에 공로가 있는 자에게 지급한다. 셋째, 납치한 부녀자를 겁탈하면 안 되고, 출신지 등을 조사한 후 분리된 공간에 거주시킨다. 홍기방의 규율은 단 3조에 불과했으나, 대신 상벌을 매우 엄격히 집행했다. 공동기금을 조성해 해적의 의료와 연금을 마련했고, 약탈자의 공로에 따른 인센티브를 허용해 부하들의 해적 활동을 독려했다. 대신 규율을 어기는 이가 있을 경우, 그 지위 고하를 막론하고 귀에 구멍을 뚫어 배마다 조리돌림해 본보기를 보인 후 사형시켰다. 장바오는 엄격한 규율 집행과 분명한 상벌체계를 운용해 짧은 시간 내 홍기방의 기강을 잡아 나갔다.

장바오는 지휘관으로서도 매우 뛰어난 자질을 갖고 있었다. 당시 남중국해의 해적 수는 많았으나, 전력이 그다지 우수하지 못했다. 유럽의 상선들은 선박에 대포를 장착해 무장하거나, 자국 해군의 호위를 받았고, 규모가 작은 향각선들은 동인도회사 소속의 무장상선과 함께 움직였다. 해적들이 성장하기 위해선 자신들의 방위력을 강화시킬 필요가 있었다. 이에 장바오는 중국의 정크선으로 베트남과 일본 나가사키를 오가던 상선 '펑파(鵬發)호'를 탈취하기로 계획한다. 펑파호는 30~40문 정도의 포

상선을 탈취하려는 해적이 그려진 엽서 그림

가 탑재된 무장상선이었고, 해적이 접근해 오면 대포로 무차별 공격했으므로 탈취가 불가능했다. 장바오는 먼저 중국 정크선을 탈취해 마치 해적에게 공격당한 것처럼 꾸민 후, 펑파호를 향해 흰 천 조각을 흔들어 구조 신호를 보냈다. 그리고 부하들을 정크선의 바닥에 바짝 엎드려 숨어 있도록 했다. 펑파호의 선장이 자비심을 발휘해 정크선이 상선에 접근하도록 허용하자, 숨어 있던 홍기방 해적들은 재빠르게 펑파호의 갑판 위로 올라갔고, 마침내 배를 탈취하는 데 성공한다. 장바오는 탈취한 펑파호를 홍기방의 기함으로 삼았고, 배의 거센 화력을 내세워 대담하게 약탈 대상을 물색하

며 세력을 확장해 나간다.

장바오가 홍기방뿐만 아니라 해적 세계에서 경외의 대상이 된 것은 바로 그가 '산포신(三婆神)'의 보호를 받았기 때문이었다. 『정해분기(靖海氛記)』의 기록을 보면 장바오와 산포신에 관한 이야기가 등장한다. 어느 날, 해적들이 출항하기 전 그들이 숭배하던 산포신의 신상을 해안가 사원에 모시고 정성스레 제사를 드린 후, 다시 배로 옮겨 오려고 했으나, 신상이 꿈쩍도 하지 않았다. 서너 명의 장정이 달라붙었으나 꿈쩍도 하지 않던 신상이 장바오가 살짝 손을 대니 움직인 것이다. 장바오는 산포신의 신상을 모시고 자신의 기함으로 갔다. 또 다른 일화는 수군과 홍기방 간 전투 중의 일이다. 청 수군에서 발포한 대포가 장바오가 서 있던 자리를 명중시켰으나, 포탄의 연기가 걷히고 나자 장바오가 원래 모습 그대로 당당히 서 있었다는 것이다. 또 다른 일화는 1809년 11월 29일의 기록에 나타나는데, 쑨취안모(孫全謀)가 공격용 정크선 93척, 포르투갈 함선 6척, 브리그(brig) 1척, 스쿠너(schooner) 1척을 이끌고 맹공격을 퍼붓더니, 이윽고 홍기방을 포위했다. 그런데 절체절명의 순간 장바오가 산포신에게 기도드리자 바람의 방향이 바뀌어 포위에서 벗어났다는 이야기도 있다. 이 이야기의 진위 여부는 그다지 중요하지 않다. 중요한 것은 해적 세계에서 이 이야기를 사실로 받아들였다는 점이다. 해적들은 그들이 숭배하던 산포신이 장바오를 보호한다고 믿었고, 그로 인해 장바오를 경외의 대상으로 바라보았다. 어린 나이에도 불구하고 장바오가 몇 만에 이르는 해적을 통솔할 수 있었던 것은 그가 산포신의 권위를 부여받은 자였기에 가능했던 것으로 보인다.

다위산 일대에서 홍기방을 둘러싼 수군(홍콩해사박물관 소장 「靖海全圖」 중 '大嶼困賊')

남중국해 해적 산업

남중국해 해적들의 주수입원은 약탈 활동이었다. 해적들은 광둥성의 소금 무역 항로를 장악해 소금 운반선을 공격하거나, 마카오에서 광저우로 진입하는 바닷길에 숨어 있다가 유럽의 상선을 공격하기도 했다. 그렇다고 해적들이 무자비하게 약탈만을 일삼았던 것은 아니었다. 이 시기의 해적들은 그들의 생업을 상업적으로 운용해 안정적 수입을 창출할 줄 알았다. 그래서 마구잡이식 약탈이 아니라, 화물의 선적 양에 따라 상인들로부터 보호비를 거두어들이고 대신 통행증을 발급했다. 나름의 상도도 있어서, 해적 연맹이 발부한 통행증을 가진 배를 잘못 나포한 경우, 발견 즉시 선주에게 배를 돌려주고 배상금을 지급하기도 했다. 하지만 보호비를 내지 않은 선박은 떼를 지어 목표에 접근한 후, 승선원 모두를 가차 없이 죽이고 화물을 모두 약탈했다.

인질을 납치한 후 몸값을 받아내는 것도 해적들의 수입원 중 하나였다. 인질이 중국인일 경우 가족이나 마을에 연락해 몸값을 받아냈고, 여의치 않으면 노예시장에 팔아 넘겼다. 외국인의 경우, 통역을 대동해 그의 국적과 소속, 그리고 지위 등 경제적 지불능력을 먼저 파악했고, 그다음 회사의 핵심 관계자를 찾아내 몸값을 협상했다. 동인도회사 소속 장교 글래스풀은 태풍으로 배가 난파된 후 해적들에게 납치되는데, 해적들은 그의 몸값으로 7,654스페인달러를 책정한다. 해적들은 인내심을 가지고 협상에 임했고, 약 3개월의 협상 끝에 동인도회사로부터 주홍색 옷감 두 필(two bales of superfine scarlet cloth), 아편 두 상자(two chests of opium), 화약 두 통

(two casks of gunpowder), 망원경(a telescope), 그리고 잔여금액은 달러(dollars)로 지불받았다. 해적들은 인도받은 물품을 하나하나 확인했고, 망원경이 새 제품이 아닌 것을 발견하고는 즉각 추가로 100달러를 더 뜯어냈다.

해적연맹은 해안 곳곳에 재정을 관리하는 사무소를 설치했고, 광저우에 보호비를 거둬들이는 관리소를 설립하기도 했다. 그곳의 대리인들이 상인들에게 통행증을 판매하고, 그 수입으로 무기와 탄약을 구매해 해적들에게 공급했다. 또 해적들은 조정의 관리, 연안의 상회 등과 긴밀한 네트워크를 형성했는데, 그들의 묵인 혹은 동조 아래 생활에 필요한 쌀, 식용기름, 화약, 술, 의약품 등의 필수품을 구입했고, 약탈한 전리품 역시 이러한 네트워크를 통해 물물교환하거나 판매했다. 해적들은 아편 밀수와 상품의 무역 등에도 직간접적으로 간여했고, 마카오 등지의 도박장에 자금을 투자해 운영하는 등, 다방면으로 안정적인 재정을 확보하려 노력했다.

해적들은 바다의 약탈자에서 서서히 육지의 침략자로 변했다. 육지에서 가장 피해가 심각했던 곳은 아무래도 마카오에서 주강을 따라 광저우까지 이어지는 해안 인근 지역이었다. 이 지역은 홍기방, 흑기방, 백기방의 활동 영역이었는데, 해적들은 보호비 명목으로 1년에 한 번 주강을 따라 마을을 돌며 보호비를 징수했다. 1년에 6,000스페인달러에서 10,000스페인달러를 요구했다고 하는데, 만일 요구에 불응할 경우, 마을의 사람들을 닥치는 대로 죽이고 남자들은 해적선으로 끌고 갔으며, 마을은 모두 불살라 버렸다. 1809년 9월부터 12월 사이, 청 조정이 해적들의 육지 보급로를 차단하자, 홍기방과 흑기방 해적들이 주강 삼각주의 내하(內河)로 진입해 둥완(東莞), 신후이(新會), 순더(順德), 샹산(香山), 란스(瀾石), 간공(玕滘) 등의 마을을 닥치는 대로 노략질했고, 관군과 향용이 저항했으나 역부족이었다. 정이싸오의 지휘 아래 해적들은 인질과 노략질한 재물을 가지고 다시 바다로 사라졌다. 광둥 마을의 피해 상황을 담은 주접(奏摺)이 조정에 연이어 올라갔고, 해적의 약탈로 골머리를 앓던 영국과 프랑스 등은 청 조정에 해적 소탕을 위한 연합을 제안하기도 했다. 해적으로 인한 피해가 심각해지자 드디어 조정에서 움직이기 시작한다.

해적연맹의 몰락

1808~1809년은 남중국해 해적들의 전성기이자, 그들이 청의 수군 및 유럽의 상선, 함대와 가장 치열하게 전투를 벌였던 시기였다. 청 조정은 좌익진총병(左翼鎭總兵) 린궈량(林國良), 참장(參將) 린파(林發), 제독(提督) 쑨취안모, 좌익진총병(左翼鎭總兵) 쉬팅꾸이(許廷桂) 등을 차례로 출병시켜 수차례 해적 섬멸에 나섰으나, 대다수의 전투에서 지휘관을 잃거나 심각한 피해를 입었다. 해적들은 흔들리는 배 위에서의 싸움에 능했고, 무기를 자체 제작하거나 밀수 혹은 약탈을 통해 군대에 버금갈 정도의 방위 능력을 갖추고 있었다. 해적들은 적선 가까이 가게 되면, 단숨에 배 위로 뛰어올라 허리에 찬 칼을 빼들고 적의 목을 잘랐다. 당시 해적들은 전투에 투입되기 전 화약가루를 탄 술을 마셨는데, 그로 인해 눈이 충

혈되고 얼굴이 검붉게 변했다고 한다. 시뻘건 눈으로 잘린 머리를 머리카락으로 묶어 목에 걸고 다니는 해적의 모습을 눈앞에서 보았다면 무시무시한 공포로 다가왔을 것이다.

해적들의 기세가 강해지자 새로 부임한 양광총독 바이링은 강경책과 유화책을 병행하기로 결심한다. 바이링은 광둥 연안에 과거와 같은 강력한 해금령을 발동한다. 해금은 육지에서 바다로 나가는 것뿐만 아니라 바다에서 육지로 올라오는 것도 엄격히 금했는데, 즉 바다에 널빤지 한 조각 떠다니는 것도 허용치 않은 것이다. 이는 해적들에게 심각한 타격을 주었다. 왜냐하면 해적들은 일반적으로 섬이나 바다에서 거주했으므로 생활에 필요한 식수나 쌀, 생필품은 모두 육지에서 조달해야 했기 때문이다. 육지에 그들의 협력 네트워크가 있다고 한들 바다에 배 한 척 띄울 수 없다면 해적들은 생필품을 조달받을 방법이 전혀 없었다. 바이링은 해금령으로 해적들을 옥죄는 한편, 소문을 퍼뜨려 그들에게 귀순을 권한다. 이는 중국의 왕조사에서 흔히 볼 수 있는 초무(招撫) 정책으로, 세력이 큰 집단이나 이민족에게 조정에 귀순할 것을 권하고, 대신 걸맞은 지위와 안락한 생활을 보장해 주는 것이다. 『수호전』에서 송강(宋江)이 양산박의 영웅들을 이끌고 송나라 조정에 귀순한 것이 그 예에 해당한다.

홍기방과 해적연맹은 전성기를 누렸으나, 이는 오래가지 못했다. 해적들에게 피해를 입은 동인도회사와 각국의 상선은 자국의 군대에 강력한 보호를 요청했고, 그로 인해 유럽의 무장상선이 중남해에서 해적들과 자주 충돌했다. 유럽의 함대는 청의 관리들에게 해적 토벌을 위한 연합을 제안하기도 했다. 해적들은 수군 및 연합 함대와 해적들 간 대규모 전투가 자주 발생해 피해가 가중되는 상황에서 강력한 해금령이 발동되면서 생필품과 약품을 얻기 어려워졌다. 진퇴양난에 빠진 그들에게 양광총독 바이링이 퍼뜨린 초무 소식이 들리기 시작한다. 분열의 조짐이 시작된 것이다.

가장 먼저 움직인 것은 흑기방이었다. 흑기방은 홍기방과 활동 범위가 같아서, 평소 해적연맹이 연합해 수군을 공격하거나 마을을 약탈할 때 홍기방의 명령을 받아야 했다. 문제는 흑기방의 귀포다이(郭婆帶)가 떠이 쓴 반란에 참여했던 노장으로 정이의 동료였다는 것이다. 귀포다이는 평소 자신보다 한참 어린 장바오의 명령을 받아야 하는 것에 불만을 가지고 있었다. 어느 날, 장바오가 수군과 유럽 함대의 연합 공격으로 포위당했을 때 인근에 있던 귀포다이에게 구원을 요청한다. 그런데 평소 장바오를 눈엣가시처럼 여기던 귀포다이가 요청을 무시해 버린다. 구사일생으로 도망친 장바오는 귀포다이를 찾아가 문책하고, 급기야 두 방파 간 싸움이 발생한다. 흑기방이 싸움에서 승리하긴 했으나, 그것은 홍기방이 약해서가 아니라 이미 연합 함대의 공격으로 지쳐 있었기 때문이다. 평소 해적연맹의 방파들은 모두 홍기방을 두려워하고 있었다. 홍기방을 적으로 돌린 것은 그들에게 이미 죽음이 선고된 것이나 다름 없었다. 진퇴양난에 빠진 귀포다이와 흑기방은 바이링에게 귀순하기로 결심한다. 비록 초무의 진위 여부를 확신할 순 없었으나, 흑기방에게는 선택의 여지가 없었다.

흑기방이 귀순하자 바이링은 그들을 받아들이고 우두머리인 귀포다이는 파총(把摠)직을 제수받는다. 그리고 이 소식은 삽시간에 해적 세계에 퍼진다. 해적들은 청 조정의 적극적인 개입도 골치였

장바오가 수군의 관모(官帽)를 쓰고 양광총독 바이링 앞에 꿇어앉은 모습
(홍콩해사박물관 소장 「靖海全圖」 중 '香山納款')

지만 무엇보다 유럽의 해군력이 얼마나 막강한지 잘 알고 있었다. 게다가 조정이 해금령을 풀지 않는 한 식량을 구하기가 너무 힘들었다. 홍기방도 절호의 기회를 놓치고 싶지 않았다. 하지만 신중할 필요가 있었다. 바이링과 홍기방은 협상의 자리를 마련했으나 서로 너무 긴장했고, 예상치 못한 유럽 함선의 출몰로 협상은 물거품이 되었다. 양측은 서로의 의중을 의심했고, 경계심은 더 강해졌다. 시간을 오래 끌수록 홍기방에게 불리할 뿐이었다. 그러자 정이싸오는 고민 끝에 결단을 내린다. 그녀는 부하들의 만류에도 불구하고 직접 해적 간부급의 아내와 아이들 십여 명을 이끌고 광저우로 간다. 그리고 직접 바이링을 만나 홍기방의 투항의사를 전달한다. 홍기방 두목 정이싸오가 직접 움직였으니 바이링도 홍기방의 투항을 의심하지 않을 것이고, 또 아무리 해적이라 해도 공공장소에서 투항하기 위해 온 여성과 아이들을 함부로 죽이지 못할 것이라고 판단한 것이었다. 그리고 그녀의 판단은 옳았다.

홍기방과 총독 바이링은 투항 조건을 협상하기 시작한다. 초무후 부하들의 신변 처리와 홍기방의 재물, 무기, 선박 중 몇 퍼센트를 조정에 바칠 것인지를 자세히 조율한다. 조율이 완료된 후, 홍기방은 조정과 바이링의 교화에 힘입어 투항함을 알리고, 초무 절차를 밟아 귀순한다. 그리고 바이링은 곧 장바오를 선봉에 내세워 해적 소탕에 나선다. 이는 전형적인 '이이제이(以夷制夷)', 즉 '오랑캐로 오랑캐를 잡는다'는 전략이다. 수군은 해적에 대해 아는 것이 없었으나, 장바오는 달랐다. 해적연맹의 수장이었던 홍기방, 그 홍기방의 지휘관이었던 장바오만큼 해적의 생리와 그들의 근거지를 잘 아는 이도 드물었다. 장바오는 과거의 동료들에게 투항을 권유

하는 한편, 서쪽으로 청기방, 황기방, 남기방을 차례로 평정해 나
갔다. 그리고 장바오는 그 공로를 인정받아, 정5품에 해당하는 수
비(守備)직을 제수받는다. 남중국해의 해적 연맹은 이렇게 역사 속
으로 사라졌다. (김경아)

바다에서 생존을
구한 자들

대항해시대 바다를 건넌
일본인 노예

　1587년 7월 24일 도요토미 히데요시(豊臣秀吉)는 갑작스레 '바테렌(伴天連, Padre, 신부) 추방령'을 공포한다. 그것도 예수회 소속 신부와 수도사 23명을 본인의 막대한 권력을 보여주는 오사카성에 초청하여 환대한 지 1년밖에 지나지 않은 시점에서였다.

　그동안 히데요시는 오다 노부나가(織田信長)의 정책을 계승하여 가톨릭교에 대해서는 관대함을 보여왔다. 1586년 3월 16일 예수회 선교사이자 일본 총책임자 격인 준관구장 가스파르 코엘료(Gaspar Coelho)를 접견하고 같은 해 5월 4일에는 예수회에 포교 허가증을 발급해 줄 정도였다. 그가 이러한 가톨릭 포교활동에 관대했던 것은, 규슈정복에 이어 일본 전국통일과 조선과 명나라로의 대륙정복이라는 자신의 야망을 이루기 위한 계획에 찬성과

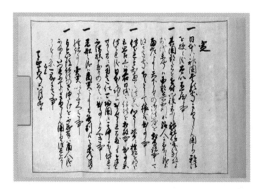

히데요시의 바테렌 추방령(출처: wikipedia)

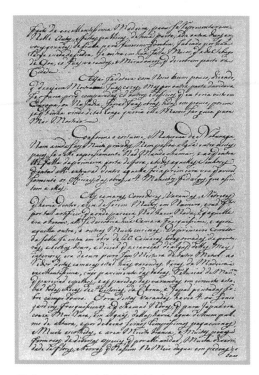

루이스 프로이스의 『일본사』(출처: wikipedia)

바다를 건넌 사람들

협조를 하겠다는 코엘료의 약조도 한몫을 했을 것이다.

1586년 7월부터 이듬해 4월까지 진행된 규슈정벌 이후 1587년 6월 10일 히데요시는 하카타(博多)만에서 코엘료가 타고 온 푸스타호 선상에서 그를 접견하는데, 코엘료는 마치 스페인 함대가 자신의 지휘하에 있는 것처럼 과시하며 히데요시에게 경솔한 행동을 하고 만다. 또한 히데요시는 당시 작은 로마로 불리던 나가사키(長崎)에서 막강한 군사력을 가진 기리시탄 다이묘(가톨릭으로 개종한 영주)들과 예수회에 헌납된 6개 마을에 세워진 87개의 교회, 게양된 예수회 깃발 등, 일본 예수회의 본부로 요새화된 나가사키의 모습을 보게 된다. 뿐만 아니라 나가사키에서 포르투갈 상인들에 의해 전 세계로 팔려 나가는 일본인 노예 거래를 목격하게 되는데, 이에 격노한 히데요시는 특단의 조치인 '바테렌 추방령'을 공포하게 되었던 것이다. 이어 이듬해인 1588년에는 예수회에 헌납된 나가사키 영지까지 몰수하여 직할지로 변경시킨다.

히데요시가 '바테렌 추방령'을 공포한 이유에 대해서 명확히 밝혀진 바는 없지만 당시 포르투갈 출신 예수회 선교사인 '루이스 프로이스(Luís Fróis)'의 저서 『일본사』의 내용으로 유추해 본다면 기리시탄(가톨릭교도)들이 반란을 일으킬지도 모른다는 우려와 기리시탄들에 의한 불교의 박해, 포르투갈 상인들과 영주들에 의한 일본인 노예 거래, 이베리아반도 세력에 의한 일본의 식민지화를 우려했던 것으로 보인다.

2013년 5월 13일 자 『요미우리신문』의 기사에서 16세기 말 세 명의 일본인 노예가 멕시코로 건너간 사료가 발견되었다는 보도가 나왔다. 이 기사를 통해 그동안 대중들에게는 주목받지 못한 일본인 노예의 역사가 세상에 알려지고 센세이션을 불러일으키면서 잠시 스포트라이트를 받았지만 실증적인 연구가 부족하여 역사 에피소드로 끝나야 했다. 하지만 대항해시대 패권국가인 포르투갈과 일본의 남만(南蠻)무역에 의한 인신매매와 일본인 노예의 존재에 대해서는 이미 1945년 역사학자 오카모토 요시토모(岡本良知)에 의해 밝혀진 바가 있으며, 전국시대 오다 노부나가, 도요토미 히데요시 정권기 일본의 상황을 선명하게 묘사한『일본사』에도 당시 예수회 선교사였던 루이스 프로이스의 시각에서 상세히 기록이 된 관련 사료도 있다.

오다 노부나가와 도요토미 히데요시(출처: wikipedia)

과거 일본의 전국시대(戰國時代)부터 아즈치모모야마시대(安土桃山時代), 즉 15세기 중반부터 16세기 중후반까지에 걸쳐 란보도리(乱妨取り)가 성행한 역사가 있다. 이는 전쟁이 끝난 후 병사가 패전지를 약탈하는 행위를 뜻하는데, 물건뿐만 아니라 사람도 전리

품으로 취했다. 당시 군대 병사들은 농민이 대다수였기 때문에 목숨을 걸고 전지(戰地)에 나가 자국민을 노예로 삼아 노동력이 필요한 곳에 파는 인신매매가 귀중한 수입원이기도 하였다. 이후 노부나가와 히데요시는 병농분리(兵農分離)를 시행하여 일본 내에서 행해지는 란보도리를 엄격히 금지시킨다.

이처럼 일본 역사 속에서 행해진 란보도리와는 달리 포르투갈 상인들에 의해 해외 각지로 팔려 나간 인신매매와 일본인 노예의 역사는 대중들에게는 알려지지도 주목받지도 못한 일본의 감춰진 역사의 한 부분으로 볼 수 있다.

대항해시대 아시아 각지에 식민지를 만들었던 포르투갈과 종교개혁의 돌파구로 아시아 선교에 눈을 돌린 로마 교황청 소속 예수회와 선교사들이 아시아로 향했다. 이후, 15세기 중반 지팡구(일본)의 다네가섬(種子島)에 우연히 표착한 포르투갈 상선을 통해 서양과 일본은 바다를 매개로 운명적인 첫 만남을 가진다.

이처럼 대항해시대라는 세계사의 큰 흐름을 타고 서로 운명적으로 얽힌 포르투갈과 일본은 동서양 문명교류의 물꼬를 틔우기 시작했다. 척박한 땅을 벗어나 미지의 세계를 개척하기 위해 바다에 도전장을 던진 포르투갈과 전국시대를 맞이하며 혼란기에 접어들었던 일본, 양국은 서로가 필연적인 관계로 바뀌며 활발한 동서양의 문명교류를 맺어 나간다. 하지만 그 역사 속에는 어두운 교류의 역사도 있었다. 본 장에서는 아시아와 유럽, 그리고 아메리카 대륙까지 팔려 나갔던, 대항해시대에 바다를 건너간 일본인 노예에 대한 어두운 역사의 일면을 소개하고자 한다.

16세기 일본의 노예시장

일본 최초의 기리시탄 다이묘 오무라 스미타다(大村純忠)와 마카오 상인들이 맺은 계약으로, 1571년 이후 마카오에서 내려오는 정항선(定航船)이 나가사키에 입항하기 시작한다. 이에 나가사키는 일본인 상인들이 몰려드는 장소가 되었고 사람의 거래도 성행하는 장소가 된다. 히데요시에 의해 바테렌 추방령이 내려진 것은 포르투갈인들에 의해 대당(大唐), 남만(南蛮), 고려(高麗)에 일본인들이 노예로 팔려 가는 것에 대해 문제를 삼았던 것이다.

1603년 예수회가 나가사키에서 편찬한 『일포사전(日葡辞書)』에서는 인신매매에 관한 여러 어휘가 보인다. 먼저 일본어 '히토카도이(人勾引, Fitocadoi)'는 '어떤 사람을 속이거나 약탈하여 끌고 가는 자'로 설명되어 있으며, 1557년 10월 2일 자 일본 예수회 준관구장 코엘료의 서한에도 일본인이 포르투갈 상인의 요구에 의해 가난한 자들을 속여 일본의 여러 지역에서 나가사키의 노예시장에 데리고 온 것에 대하여 적고 있다. 또한 전지(戰地)에서 란보도리를 통해 취한 노예를 포르투갈인에게 팔기 위해서 나가사키까지 끌고 오기도 했다. 루이스 프로이스는 가난한 부모가 자녀를 노예로 팔러 오는 광경을 목격했다고 적고 있으며, 자기 자신을 팔아넘기는 사람도 있었다고 한다. 하지만 노예를 외국인과 직접 거래할 수 있는 수단과 통로가 없어 '히토아키비토(人商人, Fitoaqibito)'에게 넘겼고, 『일포사전(日葡辞書)』에서는 이 뜻을 '사람을 사고파는 상인'으로 설명하고 있다. 이들은 정당한 이유로 노예가 된 것처럼 수속을 밟았다. '히토카이부네(人買船, Fitocaibune)'라는 단어는 '노예 혹은 유괴한 자를 실어 나르는 배'라고 설명돼 있다. 이러한 단어들은 모두 선교사 주변에 존재했던 말이며 당시에 실제로 사용이 되었던 어휘들이다.

1582년 로마에 파견되어 1590년에 귀국한 4명의 덴쇼견구소년사절단(天正遣欧少年使節団)의 회화록에서도 일본인 노예에 대한 목격담이 나온다.

> "우리 일행 앞으로 지나간 일본인 노예들을 가까이서 보았을 때, 이런 싼 값에 가축처럼 팔려 온 일본인들을 나몰라라 하는 우리 민족에 대한 격렬한 증오가 끓어 올랐다."
> "당장 우리 곁에서 볼 수 있는 많은 남녀와 어린 소년 소녀들이 전 세계에 이렇게 싼 값에 팔려와 비참한 모습으로 험한 일을 하는 모습을 보며 연민의 정을 느끼지 않는 사람은 없으리라."

1587년 코엘료가 로마에 보낸 서한에서 "나가사키에서 거래된 100명의 노예 중에서 합법적으로 노예가 된 사람이 없다"라고 언급했다. 포르투갈인에게 구입이 허락된 경우는 '합법적인 노예'로 한정돼 있었던 것이다. 예수회가 파악한 숫자에 의하면 매년 1,000명 이상이 나가사키에서 마카오로 보내지고 있었고, 그 외에도 더 많은 노예가 포르투갈 상선을 통해 국외로 나갔을 것이다. 일반적으로 포르투갈인은 히토카도이와 히토아키비토로부터 사들인 노예를 먼저 교회에 데리고 가서 세례를 받도록 했다. 그리고 예수회 선교사는 그 구입이 합법임을 증명하는 증서를 발행했고 인신매매가 정당한 것으로 간주되기 위해서는 성직자 1명의 서명이 필요

덴쇼견구소년사절단과 그레고리우스13세(출처: wikipedia)

했다는 것이다. 코엘료는 로마의 예수회 총장에게 증서 발행에 대한 이러한 사실을 고발한다.

"신부(파드레)들이 중국으로 향하는 사람들에 대해 노예 증서를 발급해 주면서 (포르투갈) 상인들은 일본인 노예 판매원과 함께 커다란 부정을 저지르고 있다. 불쌍한 노예들이 배에 실려 바다를 건너는 서글픈 광경을 보면서 커다란 연민과 슬픔을 느끼지 않을 수 없다."

이러한 선교사가 서명한 노예계약 증서는 '종신계약'과 '유기계약'이 있음이 확인되었고, 이후 이러한 예수회 선교사들의 위법행위가 문제시되며 노예거래에 관련된 자에게 파문을 선고하고 벌금 부과를 천명하게 되면서 1598년에는 일본 내 교회 관계자가 노예 거래 증서에 서명하는 것이 금지된다.

종신계약에 의해 팔려 나간 노예는 말 그대로 영구적 노예로 살아야 하지만, 본인의 몸값 이상의 자금을 준비하면 자유의 몸이 되기도 하였다. 소유자가 자신의 노예를 타인에게 임대하여 노동력을 제공할 경우, 받는 돈 일부를 노예가 받기도 했고, 용병이나 매춘을 하는 노예의 경우는 고액의 보상을 통해 자금을 준비할 수 있었다. 반면 유기계약에 의해 팔려 나간 노예는 일정 기간 본인의 몸값을 치르고 난 이후 해방이 될 수 있었지만, 현실에서는 그렇지 않은 경우도 많았다. 소유자가 법적 유효성을 무시하고 타인에게 되파는 경우도 있었기 때문이다. 이러한 사례로 1596년 일본인 청년 '프란치스코'는 아르헨티나의 법정에서 자신이 종신 노예가 아님을 호소하는 일도 있었다.

아시아 지역 일본인 노예: 마카오

먼저 일본과 가장 깊이 연결돼 있는 포르투갈 항구 마카오에는 17세기 초 많은 일본인이 있었다. 16세기 '닝보의 난(1523)'으로 명나라와 일본은 무역이 단절되었고 명조에서는 일본인 입국을 경계했던 상황이라 공식적인 거주 기록은 찾아보기가 어렵지만 포르투갈 선박은 마카오로 이동한 후 말라카와 고아 등으로 이동을

Sig. 226. Shlaventransport in Afrika.

아프리카의 노예사냥 모습(출처: wikipedia)

했기 때문에 일본인 노예와 관계된 일본인들이 그곳에 거주했을 가능성이 높다. 즉 마카오는 제3국으로 가는 상품과 노예들의 집적소 역할을 하는 지역이기도 했다. 또한 마카오에서 왜구에 의해 납치된 중국인 노예가 일본으로 들어와 재차 다른 지역으로 보내졌던 사실도 확인되었다.

마카오에서는 아프리카의 모잠비크인이 다수 거주했는데, 그들은 포르투갈 상인들이 고용한 용병 노예였다. 그들이 마카오에 살게 된 이유는 포르투갈에서 인도 고아까지 가는 항해 중, 아프리카 대륙의 모잠비크에 기항하는데 그곳에서 값싼 모잠비크 노예를 구매하여 고아나 마카오 등지에서 되파는 방식이었을 것으로 보여진다. 모잠비크 노예들은 비교적 비싼 가격에 거래가 되었는데 유복한 포르투갈 상인들이 모잠비크 노예들을 사들여 일본으로 가는 항해에 동반하였다고 한다. 이는 왜구의 위협에 대비하여 용병으로 활용하기 위함이 아니었을까? 이들 다수는 급여를 받았고 1598년 아프리카 출신의 노예가 일본인 노예를 구매한 내용도 있으며, 멕시코에서는 아프리카인 노예가 일본인 노예를 해방시켜 주었다는 기록도 있다.

16세기 말에 이르러 마카오에서 일본과 왕래하는 포르투갈 상선을 통해 일본인들의 유입은 잦아졌고 마카오에 존재하는 일본인 인구는 늘어가기 시작했다. 일본에서 마카오로 찾아드는 도항인들도 많아졌다. 일본 최초의 가톨릭 세례자인 안지로(案次郎) 역시 가고시마에서 살인사건에 연루되어 포르투갈 상선을 통해 말라카로 도피한 사례가 있듯이 범죄와 채무, 빈곤 등으로 인해 마카오로 도항을 하는 일본인들도 많았던 것이다. 그러한 사람들 가운데는 노예 거래조건에 맞춰 스스로를 파는 사람도 생겨나는데 이렇게 팔려 간 노예들은 포르투갈인 요새와 주둔지 등으로 보내진다. 이렇게 노예와 일반인의 인구가 급증한 마카오 지역에는 매춘으로 생계를 이어가는 일본인 여성도 많았고 스페인과의 외교 및 경제적 마찰이 생길 경우 포르투갈인들은 복수의 방법으로 알콜중독자, 범죄자 등 골치 아픈 노예들을 마닐라로 보내는 경우도 많았다. 또한 질병 등으로 일을 할 수 없는 노예나 고령의 노예들은 노숙을 하게 되거나 그 끝에 고독사를 하는 경우도 생겨났다. 주인은 이익을 내지 못하는 노예를 돌보는 것에 경제적 부담을 느껴 자살을 명하곤 하였는데, 이러한 상황을 본 교회 당국에서는 노예를 돌보지 않을 경우 그 노예를 해방하도록 하였다.

1608년경 마카오에는 포르투갈의 용병으로서 도항하는 일본인 노예의 수가 급격히 증가한다. 이 시기에 일명 '마카오 사건'이라고 불리는 일이 일어나는데 이는 40명가량의 무장 일본인 용병들이 마카오 내 정크선 한 척을 훔치려 한 사건이다. 마을을 약탈한 후 이 정크선을 타고 일본으로 복귀하려 했던 것이다. 명조 당국에서는 사건을 해결하기 위해 이 일본인들을 인도하라고 했으나 행정의 간섭을 우려한 포르투갈 당국은 조용히 사건을 진정시키려 했다. 이러한 과정 속에서 범죄를 범한 일본인 용병과 다른 일본인 집단 간의 싸움으로 번지면서 포르투갈인들과 마카오 유력자의 자식이 사건에 휘말려 사망하는 일이 발생한다. 포르투갈 당국에서는 무기를 버린 자들은 훈방조치를 하였으나 끝까지 민가에서 농성을 벌인 이들은 전원 살해하는 조치를 취했다.

1639년의 마카오 지도(출처: wikipedia)

명조 당국은 이러한 과정과 결과를 바탕으로 그동안 묵인해 온 마카오 내 일본인 집단에 대해 일본인들을 대거 추방하고 포르투갈인이 마카오에 일본인을 데리고 올 경우 법률에 따라 참수형에 처한다는 조치를 내리며, 이후 추가적인 일본인 추방으로 사건은 일단락된다. 이후, 1614년 1월 21일 도쿠가와 이에야스의 가톨릭 '금교령'이 내려지자 일본 전국에서는 선교사들이 추방되었고 이어서 본격적인 가톨릭 탄압이 시작되었다. 선교사들과 유력 일본인 신자들은 다시 마카오와 마닐라로 도항하기 시작했고, 마카오에 도착한 이들은 마카오의 성 바오로 학원에서 투숙하였다. 그곳에서는 일본어 교육이 행해지며 일본에 밀입국을 계획하는 포르투갈 선교사들의 교육 장소로도 활용되었다.

아시아 지역 일본인 공동체와 노예: 필리핀, 고아

1582년 필리핀의 루손섬 북부의 카가얀(Cagayan)에는 이미 600명 이상의 일본인이 거주하였다. 그리고 다른 지역 링가옌(Lingayen)에서는 일본인이 작은 항구를 만들었으며, 매년 일본인 상인들이 6~8만 마리 분의 사슴 가죽을 싣고 온다고 기록되어 있다. 1587년 히데요시에 의해 '바테렌 추방령'이 공포된 이후 일본인 상선이 마닐라로 들어오는 등 상거래가 활발해진다. 이어 1589년에는 일본의 가톨릭 관계자들이 마닐라로 들어오는데 스페인 측(필리핀은 당시 스페인의 식민지)은 히데요시가 마닐라를 공격하기 위해 정찰 목적으로 보낸 사람들로 의심하며 일본인 공동체들을 교외로 강제 이주시키고 무기도 몰수하기에 이른다.

1596년, 1598년에는 필리핀 총독에 의한 캄보디아 원정군 파견을 시작으로 일본인 용병이 다수 군사적 지원을 제공한다. 또한 1603년 마닐라에서 일어난 상글레이(Sangley, 주재 중국인)의 폭동 진압에 일본인이 동원되기도 한다.

1596년 7월 '산 펠리페(San Felipe)'호가 마닐라에서 아카풀코로 항해를 하던 중 동중국해에서 풍랑을 만나 조난을 당하면서 도사우라(土佐浦)에 표착하게 되었고, 히데요시는 일본의 법률에 따라 선적화물의 몰수를 명하며 선장과 선원들의 화물과 소지품을 몰수했다. 이러한 조치는 당시 해난에 관한 국제법에 반하는 조치였고 산 펠리페호의 선원들은 일본의 비우호적 태도에 고초를 겪으며 이듬해 4월에 수리를 마치고 일본을 떠난다. 또한 산 펠리페호가 일본에 머문 시기에 히데요시에 의해 이른바 '나가사키(長崎) 26성인(聖人) 순교 사건'이 일어났다. 당시 공식적으로 26명에 달하는 가톨릭 신부와 성도를 한번에 처형한 일은 처음 있는 충격적인 사건이었다. 이는 '산 펠리페호'의 한 선원이 취조 과정에서 세계지도를 보이며 "일본은 아주 작은 나라로 스페인이 먼저 선교사를 보내 가톨릭 교도들을 양성하고 그 이후 스페인 군대를 보내 일본을 식민지로 삼을 것이다"라고 한 발언을 전해 들은 히데요시가 격분하여 내린 극단적인 조치로 해석하는 견해가 일반적이다. 덧붙여 예수회와 프란치스코회가 대립하여 일본 선교의 주도권을 쥐고 있던 예수회가 스페인 세력인 프란치스코 세력의 일본 접근을 견제하기 위해 스페인을 일본 침략 세력으로 몰아가며 모함을 했을 수도 있을 것이다. 또한 예수회와 대립하던 스페인의 프란치스코회 소속 선교사 4명이 인질을 자처하며 민감했던 당시 일본에서 적극적인 포교활동을 펼침으로 인해 히데요시의 본보기 조치로써 공포 효과를 극대화하려는 의도로 해석하는 견해도 있다. 26 인의 성인 중 6명은 프란치스코회 관계자이면서 그중 4명이 스페인인이고 포르투갈인, 멕시코인 각각 1명, 나머지 20명은 일본인이었다. 일본인 이외에 프란치스코회와 스페인인이 비교적 많은 비중을 차지하고 있음을 보면 '나가사키 26성인 순교 사건'과 '산펠리페호 사건'은 연관이 있음을 추측할 수 있을 것이다.

하지만 최근의 연구동향을 보면 가톨릭을 탄압하기 위한 목적보다 당시의 복합적 정세가 작용한 것으로도 보고 있다. 당시 필리핀과의 유력 상인 하라다 마고시치로(原田孫七郎)라는 사람이 "스페인이 식민지 침략의 수단으로 가톨릭교를 이용하고 있으며, 필리핀을 먼저 공격하지 않으면 스페인이 일본을 침략할 수도 있다"는 내용의 진언(進言)을 했던 것이다. 이후 1591년 조선 침공을 준비하던 히데요시는 하라다를 통해 마닐라 총독에게 서신을 보내어 일본에 조공을 요구하는 외교를 펼친다. 이를 놓고 공갈외교라는 견해도 있지만, 명나라와 당시 천축국인 인도 정복이라는 망상적 야욕을 보였던 히데요시로 보아 이렇게 얽힌 사건들을 하나로 단정 짓기는 어렵다.

1614년 막부의 금교령 이후, 100여 명의 일본 가톨릭 관계자들이 마닐라로 건너간다. 그 가운데에는 대표적인 일본의 기리시탄 다이묘의 수장이었던 다카야마 우콘(高山右近)과 가톨릭 무장인 나이토 조안(内藤如安)도 있었다. 이들은 기리시탄 추방령에 의해 가족들과 함께 선교사를 따라 마닐라에 도착하며 신앙의 수호자로 환영을 받았지만, 다카야마는 이듬해 사망한다.

이후 필리핀 내 일본인 공동체는 1608~1615년 사이에 재건되

다카야마 우콘(출처: wikipedia)

며 일본인 용병은 필리핀 주둔 부대에서 중요한 지위를 차지한다. 1615년에는 네덜란드 원정대에 500여 명의 일본이 용병이 참가하였고, 1619년에는 2,000명, 1623년에 즈음해서는 3,000명에 이르는 일본인이 마닐라에 거주하며 활발한 왕래도 진행이 되었지만, 일본 내 가톨릭 신도에 대한 탄압이 거세지는 시기이기도 했다. 가톨릭 선교사의 마닐라로부터의 밀입국을 원천 봉쇄하기 위한 방법으로 스페인령 필리핀과의 관계가 정식으로 끊어지기도 했다.

한편 인도의 '고아'는 1511년 포르투갈의 통치하에 들어가 포르투갈의 정치적, 군사적 거점이자 상업의 중심지로 자리 잡는다. 1578년 이후 고아에는 많은 일본인과 중국인들이 거주하였다는 기록도 있다. 앞서 언급한 일본의 가고시마 출신 안지로와 그의 두 시종은 말라카에서 '프란치스코 하비에르' 선교사를 만나 신학 공부를 위해 1548년 고아에 도착했고 1549년 하비에르와 함께 일본으로 귀환하며 최초의 일본 선교에 첫발을 딛게 한 장본인이기도 하다.

1570년 포르투갈 국왕 돈 세바스티앙이 포르투갈령 내에 있는 일본인 노예를 금지하는 법령(세바스티앙법)을 공포하였고, 1603년에 펠리페 3세에 의해 재차 공포된다. 이러한 일본인 노예 금지법에 대해 고아 내 포르투갈 유력 시민들은 반대하며 국왕 앞으로 서신을 보낸다.

"포르투갈령 인도는 만성적으로 병사 등의 인원이 부족합니다. 포르투갈령 인도는 이미 다수의 일본인 노예가 있으며 포르투갈인 병사의 수가 부족한 이상 그들의 존재는 고아의 섬 방위를 위해 필수 불가결합니다. 게다가 일본인은 유능한 전투원이어서 만약 노예 신분에서 해방된다면 적들과 내통하여 반란을 일으킬지도 모릅니다. 수적으로는 포르투갈인을 상회하기 때문에 고아는 그들의 수중에 떨어질 것입니다."

그리고 1605년 고아 시의회는 펠리페 3세 앞으로 두 번째 서한을 보낸다.

"화승총과 창으로 무장한 7~8명의 노예를 이끌고 전장으로 향하는 포르투갈인들이 자주 보입니다. 그 이유는 포르투갈령 인도에서 화기를 능수능란하게 다루는 것은 이들의 노예 말고는 없기 때문입니다."

이처럼 포르투갈령 고아에서 일본인 용병 노예들은 군사적으로 필요한 존재였던 것이다. 하지만 여전히 학대받는 일본인 노예들의 참상을 고려하여 국왕과 고아 시의회 대표, 그리고 예수회의 논쟁이 펼쳐지며 1605년 3월 6일 고아시 내 일본인 노예를 금하는 법률을 공포한다. 하지만 금령 이전의 노예들에 대해서는 여전히 학대의 기록이 남아 있다.

앞서 언급한 바와 같이 1587년 히데요시가 나사사키에서 팔려 나가는 일본인 노예들을 목격하고 격분을 하였고 이러한 이유들로 바테렌 추방령을 공포하였다. 이때 히데요시는 이를 외교문제로 삼으며 포르투갈 정부에 항의를 한 것으로 알려지고 있다. 하지만 포르투갈 국왕은 "너희가 거래에 응했기에 우리 측 상인들이 거래를 한 것뿐이고 이미 거래가 끝난 경우에는 어쩔 도리가 없다."는 답변이 돌아왔다. 이후 도쿠가와 막부의 계속된 가톨릭 탄압정책에 양국 간 교역에 대한 실리와 예수회 선교활동의 중요성을 고려하여 포르투갈령 일본인 노예거래를 금지시킴으로써 일본에서 팔려 나가는 노예시장을 원천봉쇄하려는 목적이 있었을 것으로 추측된다.

중남미 지역의 일본인 노예: 멕시코, 페루

스페인령 아메리카 대륙에서 일본인 노예의 기록이 다른 아시아계 사람들보다 늦게 나타나는 이유는 1494년 '토르데시야스 조약'*과 1529년 '사라고사 조약'에 따라 포르투갈만이 일본

---

* 스페인과 포르투갈 간의 유럽 대륙 외 지역에 대한 영토 분쟁을 해결하기 위해 대서양 한가운데를 기준으로 서쪽은 스페인, 동쪽은 포르투갈이 차지한다는 내용의 조약

과 통교를 했으나 1571년 스페인이 필리핀을 식민지화하면서 필리핀에서 멕시코를 연결하는 태평양 횡단 항로가 개척되었고 항로상에 위치한 일본에 스페인 선박이 뒤늦게 나타나기 시작했기 때문이다.

루시오 데 소우사·오카 미호코(2021)는 멕시코 거주 일본인에 대한 기록을 제시하는데, 멕시코 국가문서관 소장 이단 심문 기록과 예수회 선교사들의 증언 서류에 나타나는 사실에 기반하고 있다. 첫 번째로 소개할 인물은 '토메'라는 일본인이다. 그는 1577년 나가사키에서 태어났다. 그리고 나가사키 주재 포르트갈 상인 '프란치스코 로드리게스 핀토'에게 노예로 팔렸다. 토메의 주인 프란치스코 로드리게스 핀토는 전 유대교도로, 이단 심문* 사료에 그들의 증언이 포함돼 있었다. 핀토는 그 후 토메를 나가사키에서 되팔았고 다시 마닐라로 연행된 토메는 스페인인 안토니오 알소라의 소유가 되어 아카풀코로 항해하여 멕시코시티에 거주했던 것으로 확인된다. 1597년에는 가스팔 페르난데스, 미겔 제로니모, 벤투라라는 일본인 3명이 멕시코에 도착했고 그 외 다수의 일본인들이 아메리카 대륙으로 건너갔다.

1609년 필리핀 전 총독 '돈 로드리고 데 비베로 이 벨라스코'가 멕시코로 돌아가는 길에 태평양 연해에서 좌초하여 지금의 일본

---

* 이단 심문은 종교재판이라고도 말하며 중세 이후 로마 교황청에서 정통 기독교 신학에 반하는 가르침(이단)을 전파하는 혐의를 받은 사람을 재판하기 위해 설치한 제도이다. 이단 심문은 중세 유럽에서 유대교와 무슬림을 대상으로 종교적 억압을 위해 시행하였고 종교개혁 이후 16세기에 들어서면서 개신교에 대한 억압을 위한 것으로 성격이 변하기도 하였다.

남만인의 일본내항을 그린 〈남만병풍(南蠻屏風)〉(출처: wikipedia)

치바현인 보소(房総)반도 온주쿠(御宿)에 표착하는데, 이때 영주 혼다 다다토모(本田忠朝)에게 환대를 받았고 이에야스도 만난다. 이에야스는 가신 윌리엄 아담스(William Adams, 일본명 미우라 안진三浦按針)에게 배를 건조시키고 그들을 멕시코로 보낸다.

답례 사절로 파견된 세바스티앙 비스카이노는 일본과 스페인의 우호친선으로 도쿠가와 히데타다(德川秀忠, 에도막부 2대 쇼군, 이에야스의 3남)를 만나 이에야스에게 빌린 4,000페소를 갚고 1611년부터 1613년까지 일본에 2년간 머문다. 1613년 10월 28일 세바스티앙 비스카이노와 180여 명의 일본인들은 아카풀코를 향해 출항한다. 이 항해는 하세쿠라 로쿠에몬 쓰네나가(支倉六右衛門常長)를 사절단장으로 하여 출발한 게이초견구사절단(慶長遣欧使節団)이다. 그들이 멕시코에 도착했을 때 80여 명의 일본인이 하세쿠라 사절단 일행을 맞이했다. 180여 명 중 20~30여 명은 스페인으로 출발했고, 나머지 인원은 멕시코에 잔류하여 이듬해 귀국한 이들도 잔류한 이들도 있다고 전해진다.

한편 인구조사 사료에 의하면 페루의 리마시에는 1607년에서 1613년 사이 20명의 일본인이 주재하였음을 알 수 있다. 최초로 등장하는 일본인은 24세 '디에고 델 프라도'로 독신, 자녀는 없음, 부동산 등은 소유하고 있지 않았고 직업은 직조공으로 되어 있다. 하지만 어떤 루트로 페루까지 당도하였는지는 알 수 없다. 추측을 해 본다면 마카오-고아-리스본-아메리카 대륙의 루트와 나가사키 또는 마카오에서 아카풀코로 이르는 태평양 항로이다. 그는 자유인 신분으로 추측되지만, 노예의 신분으로 건너왔을 가능성이 높다. 그다음은 26세의 '하폰'이라는 일본인이다. 디에고

도쿠가와 이에야스 앞의 윌리엄스
아담스(출처: wikipedia)

델 프라도와 같은 직조공 출신이고 그는 자신의 점포를 운영하고 있었으며 점포는 아우구스티노 거리, 성 아우구스티노 교회 옆에 위치해 있었다. 하폰은 24세의 '안드레아 안나'와 결혼하였는데 그녀는 인도네시아 마카사르 출신으로 기록되어 있으며 그녀를 노예 신분에서 몸값 300페소를 지불하고 해방시킨 사람이 바로 하폰이었다. 그리고 신원 미상의 일본인 어머니를 둔 혼혈아도 확인이 되는데, 어머니는 프란체스카 몬테라이고, 아버지는 파블로 페르난데스라는 스페인인이었다. 이어 일본인 노예 부부의 존재도 확인되는데 남편은 토마스, 20세이고 부인은 마르타이다. 모두 고아 출신이라고 되어 있고, 특이한 점은 토마스의 얼굴에 이름의 낙인이 찍혀 있었다는 점이다. 당시 포르투갈 인도령에서 노예의 볼 등에 불에 달군 도장을 찍는 경우가 많았는데, 이는 도망을 막기 위함과 소유자를 명확하게 하기 위함이었다고 한다. 가축에게 인두로 도장을 찍는 방법이 인간인 노예 거래에도 자주 보였다는 데서 노예는 이미 동물과 물건 등으로 취급받고 있었음을 알 수 있다.

유럽의 일본인 노예: 포르투갈, 스페인

'베르나르도'라고 불린 청년은 유럽에 최초로 정착한 일본인으로 알려진다. 1549년 가고시마에서 세례를 받고 하비에르를 수행하였던 그는 1553년 고아를 통해 리스본에 도착하였는데, 예수회 총장 이냐시오 로욜라와 교황 바오로 4세도 알현했다.

16세기 말 리스본 교회의 기록에는 일본인의 혼인 기록이 존재한다. 첫 번째는 1593년 일본인 신랑 벤투라 쟈판과 신부 마리아 미누엘의 결혼 기록과, 1595년 일본인 곤살로 페르난데스와 포르투갈인 카타리나 루이스의 결혼 기록이 있다. 그 외도 많은 결혼 기록들이 존재하고 있다.

한편 1598년 일본인 노예를 해방한 문서도 존재한다. 포르투갈에서 해방된 노예의 사례로 리스본에서 무역업에 종사한 '토메'라는 일본인 남성에 관한 것이다. 그는 리스본항 근처에서 '금 정련 기술자'로 일했다. 해방의 이유는 "수년간 주인 아래에서 성실하게 일했기 때문"이었다. 당시 노예들은 노예신분의 위법이 증명되어 해방되는 경우도 있지만 소유자의 사후 유언 등으로 해방되기도 했다. 1596년 리스본항에 인접한 산토스 수도원의 수녀인 '도나 필리파 데 겔라'는 자신의 유언장에 사후에 30세 일본인 여성 노예인 마리아 페레이라를 해방한다는 글을 남겼다. 20년째 수녀를 위해 일한 것을 보면 10세 때 포르투갈에 팔려 왔을 것으로 추측

이 된다. 또 다른 사례로는 노예의 나이가 많거나 귀찮은 존재가
되어 버렸을 때, 해방시키는 경우도 있었다. 이렇게 버려지는 것과
다름없는 해방 노예는 노숙자가 되거나 운이 좋은 경우 양로원이
나 구빈원에서 살아갈 수도 있었다.

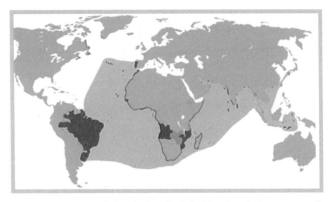

19세기까지 포르투갈제국이 영유한 적이 있는 영토(출처: wikipedia)

앞서 언급한 하세쿠라 로쿠에몬 쓰네나가가 이끈 '게이초견구사
절단' 180여 명이 태평양을 건너 멕시코에 도착했을 때, 20명에
서 30여 명은 스페인으로 도항했고 나머지 인원들은 멕시코에 머
물거나 일본으로 돌아갔는데, 멕시코에 남아 생애를 마친 사람들
도 있었다. 그중에 '돈 토마스 펠리페'라는 높은 신분의 무사가 있
었는데 이탈리아 사료에 의하면 그는 순교자의 자손으로 알려지
며 특별한 대우를 받았다고 한다. 이후 1615년 그는 탁발하고 무
기를 버리고 프란치스코회 수도사가 되어 일본인 성직자의 의복
을 입었으며 이후 하나님을 섬기는 몸이 되었다고 전해진다. 하지
만 그의 이후 행적이 나타나는 문서가 발견되는데 1622년 일본인

무사로서 소송을 제기한 문서이다. 그는 성직자를 포기하고 속인으로 돌아가는데 이후 '디에고 하라미료'라는 스페인인을 섬기다 노예가 되어 몸에 낙인이 찍히는 일을 당하게 된다. 이를 안타깝게 여긴 추기경회의에서 자유인이었던 그에게 노예 낙인을 찍은 부정행위에 대해 엄정한 재판을 청원하면서 그를 일본으로 귀국시켜줄 것을 요청한다. 이 탄원은 마드리드궁에도 전해졌고 이후 돈 토마스 펠리페에게 귀국 허가가 내려졌다. 1623년 누에바에스파냐로 도항하는 승조원 명부에 그의 이름이 확인되고 있다. 이후 필리핀으로 도항 허가를 요청하는 문서도 확인이 된다. 그가 일본으로 귀국을 했는지에 대한 여부는 불명확하다. 이후 스페인의 '코리아 델 리오'에서 많은 일본인들의 흔적이 세례 기록 등으로 발견되었다.

대항해시대와 전국시대가 낳은 '일본인 노예'

유럽의 이른바 '대항해시대'가 열린 후 16세기 중엽에서 17세기 중엽까지는 '남만의 세기', '그리스도교의 세기'라고도 불린다. 유럽은 '종교개혁'과 내부의 갈등으로 사분오열을 하고 있었고 예수회는 그 돌파구로 동양 선교를 선택했다. 1494년 '토르데시야스 조약'과 1529년 '사라고사 조약'으로 포르투갈과 스페인 세력은 영토를 나누어 식민지 제국을 일궈 간다. 포르투갈은 동아시아 지역 곳곳에서 함포외교(艦砲外交)로 개항을 강요하고 식민지를 만들며 무력을 행사했는데 이 방식이 일본에는 운 좋게 적용되지 않았

유럽 중세 초기의 노예 시장(출처: wikipedia)

다. 16세기 중엽 당시의 항해기술로는 포르투갈의 병력이 일본까지 도항하여 전투를 치르기에 어려움도 있었을 것이고, 또한 일본도 전국시대를 맞이하여 막강한 전투력을 보유하고 있었던 시기였기 때문에 군사적 접근도 쉽지는 않았을 것으로 생각한다. 지팡구(일본)로 불리던 미지의 나라 일본은 가톨릭 선교사 하비에르를 통해 정식으로 유럽에 알려졌고 이후 많은 선교사들과 포르투갈, 상선들의 왕래를 통해 이른바 '남만무역'이라는 교역활동으로 양국의 관계는 순조롭게 이어진다.

남만무역은 중국의 마카오를 허브 거점으로 두었고 포르투갈인들이 인도, 동남아시아 지역에서 거래한 상품과 중국산 생사, 견직물, 약초 등을 중심으로 일본으로 전해졌다. 명조와 일본은 직접적인 교역은 단절된 상태였지만 은(銀)본위제였던 중국과 일본의 이와미(岩見) 은산(銀山) 개발은 포르투갈의 중계무역 활

〈남만인 도래도〉(출처: wikipedia)

동으로 서로 연결되고 있었다. 이로 규슈지역의 다이묘들은 막대한 이익을 챙겼고 그 대가로 가톨릭 선교활동은 순조롭게 이루어진다.

앞서 전국시대의 '란보도리'에 대해 상술하였는데 전쟁포로로 잡혀 온 많은 일본인들이 나가사키를 통해 해외로 팔려 나갔다. 하지만 포르투갈인의 노예 상인들에 의한 일본인 노예거래가 성행하면서 전쟁포로가 아닌 유괴된 어린아이와 궁핍한 가정의 부모에 의해 팔려 나간 아이들도 다수 있었고, 스스로 자신의 몸값을 받고 파는 이도 있었다. 노예계약은 종신계약과 유기계약 형태가 존재했고 유기계약으로 팔려 나간 일본인이 계약이 만료되었음에도 불구하고 소유주에 의해 제3자에게 다시 팔려 나가는 일도 벌어졌다. 또한 용병으로 도항을 하거나 사절단으로 건너갔다가 잔류를 하여 노예가 되는 등, 여러 형태의 부당한 노예 거래

자료가 존재한다. 이러한 자료들은 이단 심문 기록 자료와 자신의 해방을 요구하는 소송 기록들에 의해 그 실상이 드러났다.

16세기 포르투갈인에 의한 노예무역은 일본에만 국한된 것이 아니라 세계적인 현상이었다. 이 과정에서 인간이 상품으로 취급되었을 뿐만 아니라 노예들은 강제적으로 가톨릭 세례를 받아야 했다. 또한 노예 거래가 행해지는 과정에서 상인들은 이가 정당한 노예 거래임을 증명하는 문서를 발급받아야 했고, 그 문서에는 성직자 1명의 서명이 필요했다. 결국 선교사들도 이러한 노예거래에 깊이 관여를 하고 있었던 것이다. 이후 코엘료에 의해 이러한 일들이 고발되면서 파문과 벌금형 등으로 선교사들의 관여에 대해 제재를 가하여 증서를 발급받기 어려워지자 마카오로 도항을 한 후 그곳에서 세례를 받게 하고 증명서와 서명을 받는 등의 또 다른 편법이 생겨났다.

이렇게 아시아 지역뿐만이 아니라, 유럽과 아메리카 대륙까지 팔려나가 그곳에서 생을 마감한 일본인 노예들은 상상 이상으로 많이 존재했을 것이다. 기록이 많이 남아 있지 않지만 현재 유럽과 일본에 남아 있는 이단 심문 자료와 소송자료 등의 사료들로 추정을 해 볼 수는 있다.

전 세계 각지에서 일본인들은 공동체를 이루기도 하였고 용병으로 활동하면서 때로는 당국에 반란을 일으키기도 하여 일본으로 추방을 당하거나 처형을 당하기도 했다. 또 현지인과 결혼하여 가정을 이루기도 하였고, 어떤 이는 누구도 돌봐 주지 않는 노숙인이 되어 항구에서 고향을 그리워하며 생을 마감한 이들도 있었을 것이다. 이처럼 대항해시대 일본인 노예에 대한 역사는 어두운 역사의 일면으로 자세히 연구되지 못했던 분야이다. 하지만 향후 좀 더 구체적이고 체계적으로 연구가 되어 간다면 세계사와 일본사의 연결고리를 찾고 밝혀내지 못한 역사의 실마리를 찾아내는 데 큰 역할을 할 수 있지 않을까 기대해 본다. (이상원)

목숨과 맞바꾼 동아시아인의 세상 구경

영화 〈자산어보〉에 나오는 홍어장수

몇 년 전에 상영된 영화 〈자산어보(茲山魚譜)〉는 몇 가지 점에서 그동안 우리가 역사를 이해해온 시각에 문제를 던져주었다. 가장 눈에 띄는 것은 감독이 똑같이 유배 생활을 했던 두 형제 정약용과 정약전의 세상을 보는 눈의 차이를 보여주려고 했다는 점이겠다. 실학을 주장하면서도 궁극적으로는 유학에 기반한 전통적 사유에서 벗어나지 못한 정약용에 대해 그 유학이란 틀을 벗어던져야 한다고 했던 형 정약전의 주장이 영화에서 대조를 이루고 있다.

정약전이 유배지인 흑산도에서 이런 파격적인 사유를 펼칠 수 있었던 배경에는, 조선의 변방 섬에서 만난 어부 창대와의 조우

가 있었다. 양반의 밥상에 올라
오는 물고기를 잡아내는 창대의
풍부한 어류 상식에 놀랐던 정
약전이 이를 통해 깨달았던 것
은 경전 속에 들어 있는 성인의
말이 아니라, 일상 속에 실물로
있는 수많은 물건들 곧 박물에
대한 관심과 연구의 필요성이었
다. 영화 속 창대의 양반 되기에
대한 신랄한 비판은 바로 이러
한 정약전의 사유 전환에서 기
인한 것이다.

영화 〈자산어보〉 포스터

　이런 맥락에서 이 영화의 또 한 장면이 떠오른다. 바로 홍어
장수 문순득의 등장이다. 문순득은 누구인가? 문순득(文順得,

영화 〈자산어보〉 문순득 등장 장면

1777~1847)은 조선의 어물 장수였다. 신안군 일대에서 활동하던 그는 바다에서 표류하여 류큐국, 마카오, 여송(呂宋, 필리핀) 등에 머물렀던 인물로 잘 알려져 있다. 이 인물의 이야기를 적은 책이 바로 정약전의 『표해시말(漂海始末)』이다. 소위 당시 일반 평민

『자산어보』

이 조선을 벗어나 해외를 견문하고 온 얘기를 받아 적은 것이다. 당시 청이나 일본을 제외한 다른 지역을 일반인이 가본다는 것은 좀 과장하자면, 표류라는 죽음의 고비를 넘기지 않았다면 불가능한 일이었을지도 모른다. 그런 문순득을 통해 들은 류큐국과 마카오, 여송이란 나라는 참으로 낯설고 신기하기 짝이 없는 곳이고, 그렇기 때문에 그의 얘기는

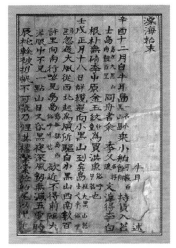

『표해시말』

정약전에게 물고기보다 더 흥미로웠을 것임은 짐작하기 어렵지 않다.

문순득의 표류와 귀국 여행

동아시아의 로빈슨 크루소

조선은 삼면이 바다로 둘러싸여 있어서 해상활동이 활발했을 것으로 추측할 수 있지만, 오히려 고려 말부터 해안에 출몰해서 약탈을 일삼았던 왜구로 인해 그들로부터 재산과 인명을 보호하기 위한 해상 방어(海防)를 해상 정책으로 삼았다. 해양국가로서의 정체성을 확보하기 위해 왜구 세력에 큰 의미를 부여하고 있는 일본은 말할 것도 없겠지만, 한국과 중국을 포함한 근대 이전 동아시아 해역에서의 해상 활동은 '해적'으로 볼 수 있는 왜구의 존재를 무시할 수 없다. 이러한 부정적 이미지의 왜구나 해적에 대한 기록은 사실 신빙성을 떠나서 실증적인 자료가 부족하기 때문에 체계적인 연구를 진행하기 어렵지만, 그럼에도 불구하고 이들이 전통적으로 동아시아 해역에서 활동을 했고, 또 그 영향력이 컸다는 사실은 부정할 수 없다.

이처럼 해상 활동을 주름잡던 해적들을 제외하고 앞서 언급한 문순득과 같이 해난 사고를 당해 목적지로 가지 못하고 파도에 떠밀려 다니다 구사일생으로 살아 돌아온 사람들이 동아시아에 많이 등장했는데 이들이 곧 동아시아의 로빈슨 크루소인 셈이다. 이들에 대해 알게 되는 것도 결국 기록이 남아 있어서인데, 이들은 해적이 아니기 때문에 역사의 공적 기록에 해난사고 당사자로서 남아 있다. 혹은 정약전의 『표해시말』처럼 민간에서 기록을 남기기도 하여 이들의 이야기가 전해진다.

이와 같이 바다를 통해 세상을 보고 또 그것을 기록으로 남겨 당시의 시대 및 사회상을 볼 수 있는 자료가 바로 표류 기록이다.

방금 말한 것처럼 표류 기록에는 두 종류가 있는데, 공적 기록과 사적 기록이 그것이다.

전자는 주로 공문서, 사서, 지방지 등 각종 역사기록에 남아 있는 사건으로 표류를 다룬 것이다. 표류 사고 처리에 주목하여 표류인의 인적 사항, 항해 목적, 항해 일시, 표류 발생 경위, 표착 지점 및 일시, 발견 정황 및 신고 후 처리 과정, 심문 내용, 송환 과정 등을 기록했다. 예를 들어, 한국에서는 『삼국사기(三國史記)』, 『고려사(高麗史)』, 『조선왕조실록(朝鮮王朝實錄)』, 『비변사등록(備邊司謄錄)』, 『승정원일기(承政院日記)』, 『동문휘고(同文彙考)』, 『전객사일기(典客司日記)』, 『변례집요(邊例集要)』, 『표인영래등록(漂人領來登錄)』, 『제주계록(濟州啓錄)』 등의 기록에서 볼 수 있다. 그리고 중국의 경우는 『당안(檔案)』, 『주접(奏摺)』 등에 실려 있는데, 주로 표류를 당해 중국에 도착한 비중국인의 기록이 많다.

한편 사적 기록은 신화집, 설화집, 기담, 소설집, 수필, 표해록 등으로, 예를 들어 『삼국유사(三國遺事)』, 이원명(李源命)의 『동야휘집(東野彙輯)』, 편자 미상의 『해동야서(海東野書)』, 『해외견문록(海外見聞錄)』, 정동유(鄭東愈)의 『주영편(晝永編)』, 최부의 『표해록』, 장한철의 『표해록』, 최두찬의 『승사록(乘槎錄)』, 이지항의 『표주록』 등이 있으며, 중국에는 『태평광기(太平廣記)』, 홍매(洪邁)의 『이견지(夷堅志)』 등에 기록이 있다. 이 가운데 표해록이란 책의 이름에서 알 수 있듯이, 주로 표해 사실에 기반하여 표해당했을 때의 슬픔과 고난을 극복하는 방법, 그리고 다른 나라에 표착했을 때의 느낌과 이국 풍습에 대한 감정 등을 담고 있다. 이렇게 보면 표류는 공적인 역사 기록에서는 사건이지만, 사적인 기록에서는 표류를

2부 바다에서 생존을 구한 자들

당한 사람의 회고이다.

표류는 해난 사고이다. 이는 우선 배를 타고 바다를 항해하지 않으면 발생하지 않는 사고이다. 그렇다면 표류 기록이 많이 나왔다는 것은 해상을 통한 교류가 많았다는 것을 말하는 것이기도 하다. 특히 17세기 이후 표류와 관련된 기록이 큰 폭으로 증가했는데, 이것은 중국에서 종래의 해금령(海禁令)이 유지되다가 전해령(展海令)이 반포되는 등 해상으로의 진출을 두고 금지와 해제가 반복되면서 해상을 통한 상호 교류가 활발해졌던 것에서 기인했다. 왜구에 의한 피해가 컸던 탓인지 일본이나 중국에 비해 해상 활동을 엄격히 금했던 조선에서도 이 시기에 많은 표류의 기록이 나왔다.

이 가운데 부산 사람으로서 표류하다 일본 홋카이도에 표착하여 일본 열도를 돌아 쓰시마를 거쳐 송환된 이지항의 『표주록』이 주목을 끈다.

대표적인 동아시아 표해록

	출처	저자	표류민	출발지	표착지
한국	『표해록(漂海錄)』	최부(崔溥)	최부	한국 제주도(濟州島)	중국 저장성(浙江省)
	『표해록(漂海錄)』	장한철(張漢喆)	장한철	한국 제주도	류큐(琉球)[일본 오키나와(沖縄)]
	『연암집(燕巖集)』, 「서이방익사(書李邦翼事)」	박지원(朴趾源)	이방익	한국 제주도	중국 푸젠성(福建省)
	『심전고(心田稿)』, 「탐라표해록(耽羅漂海錄)」	박사호(朴思浩)	김광현	한국 제주도	중국 저장성

한국	『유암총서(柳菴叢書)』,「표해시말(漂海始末)」	정약전(丁若銓)	문순득	한국 제주도	여송국(呂宋國)[필리핀]
	『표주록(漂舟錄)』	이지항(李志恒)	이지항	한국 부산(釜山)	일본 홋카이도(北海島)
	『표해록(漂海錄)』	양지회(梁知會)	양지회	한국 제주도	중국 저장성
	『승사록(乘槎錄)』	최두찬(崔斗燦)	최두찬	한국 제주도	중국 저장성
	『지영록(知瀛錄)』	이익태(李益泰)	한국인 등	한국 등	중국 등
	『일본표해록(日本漂海錄)』	풍계현정(楓溪賢正)	풍계현정	한국 경주(慶州)	일본
	『해외문견록(海外聞見錄)』	송정규(宋廷奎)	한국인 등	한국 등	중국 등
	『탐라문견록(耽羅聞見錄)』	정운경(鄭運經)	한국인 등	한국 제주도	일본 등
중국	『해남잡저(海南雜著)』	채정란(蔡廷蘭)	채정란	중국 복건성 팽호도(澎湖島)[대만 팽호]	안남국(安南國)[베트남]
	『안남기유(安南紀遊)』	반정규(潘鼎珪)	반정규	중국	안남국[베트남]
	「표박이역(漂泊異域)」	정광조(鄭光祖)	정광조	중국	일본
일본	『조선표류일기(朝鮮漂流日記)』	야스다 요시카타(安田義方)	야스다 요시카타	일본	한국
	『달단표류기(韃靼漂流記)』	공문서	구니다 헤우에몬(國田兵右衛門) 등	일본	타타르(韃靼)[러시아]
	『미장자이국표류물어(尾張者異國漂流物語)』	불명	불명	일본	필리핀 바탄(Batan)
	『축전선표류기(筑前船漂流記)』	불명	불명	일본	필리핀 민다나오(Mindanao)
	『여송표류기(呂宋國漂流記)』	오츠키 키요타카(大槻清崇)(편)	오츠키 키요타카	일본	필리핀

『비변사등록(備邊司謄錄)』

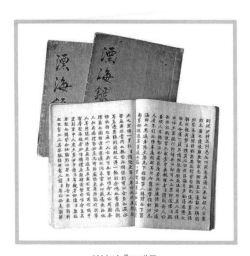

최부의 『표해록』

바다를 건넌 사람들

조선인의 세상 구경

『표주록(漂舟錄)』은 물에 떠내려 간 배의 기록이라는 말이다. 이 글은 이지항(李志恒) 일행이 일본의 홋카이도까지 배를 타고 표류했다가, 일본의 관원들에게 구조를 받아 돌아온 이야기다. 부산 동래에 살던 이지항과 울산 사람 김한남(金汗男) 등 8명이 1696년 4월 13일 강원도 원주로 가기 위해 출항했다가 5월 에조(蝦夷) 지역(지금의 일본 홋카이도)까지 표류한 뒤, 오사카와 쓰시마를 거쳐 1697년 3월 5일 부산포로

『표주록(漂舟錄)』

돌아온 경위와 이지항이 일본에서 주고받은 필담 내용을 적은 표해록이다. 이지항 일행은 하이지(蝦夷地)에 표착하여 마쓰마에부(松前府)를 거쳐 본토의 에도(江戶)로 이송되었다가 쓰시마를 경유하여 부산으로 송환되어 왔다. 그 여정을 살펴보면 4월 13일 부산 → 4월 28일 울산 → 5월 12일 제모곡(諸毛谷, 레분시리도(レフンシリ, 羯惡島 · 礼文島)) · 점모곡(占毛谷) → 리이시리도(リイシリ, 利尻島) → 소우야(ソウヤ, 小有我, 宗谷) → 계서우(溪西隅) → 5월 20일 우보여

(羽保呂) → 석장포(石將浦) →7월 23일 예사치(曳沙峙) → 7월 24일 마쓰마에번(松前藩) → 8월 30일 진경군(津輕郡)·남부현(南部縣)·선대부(仙臺府)·오주(奧州)·목신우군(牧信友郡) → 9월 27일 에도(江戶) → 10월 17일 오사카성(大坂城) → 효고보(兵庫堡)·시모노세키(下關) → 아카마관(赤間關) → 시바섬(芝島) → 가츠모토섬(勝本島) → 이키섬(壹岐島) → 야시마(八島) → 단노우라(壇浦) → 12월 14일 쓰시마(對馬島) → 3월 5일 부산포였다. 이지항 일행이 표류했던 동북아시아의 해역은 전반부는 동해를 가로질러 하이지의 제모곡에 표착할 때까지, 여기서 마쓰마에번으로 연해를 따라 내려오는 과정이었다. 이후 에도에서 오사카를 거쳐 쓰시마를 경유하는 길은 조선 후기의 일반적인 표류민의 송환 과정을 따랐다고 볼 수 있다.

하나 더 소개하자면, 앞의 표에서 봤듯이 제주도 사람의 표해 기록이 많다. 짐작할 수 있듯이 제주도는 섬이고, 또 지정학적으로 해상 교통의 요지에 있기 때문에 제주도 출신 또는 제주도에 표착한 표해 기록이 많은 편이다. 이 가운데 김대황의『표해일록』은 멀리 베트남까지 표류했다가 중국을 거쳐 돌아온 이야기다. 이 글은 1687년 9월 3일 제주 진무(鎭撫) 김대황(金大璜, 어떤 책에는 金泰璜이라고도 한다)이 조천관(朝天館) 신촌(新邨) 출신 고상영 등과 함께 모두 24명이 목사가 진상하는 말 3필을 싣고 출항하다가 동북풍을 만나 안남국(安南國) 회안부(會安府)로 표류하는데, 안남 국왕의 허락을 얻어 1688년 7월 쌀 6백 포를 운임으로 지급할 것을 약속하고 8월 7일 중국 상선을 얻어 타고 안남을 떠나 중국 영파부(寧波府)와 보타산(普陀山)을 거쳐 12월 9일 서귀포로 돌아온 경위를 적

『표주록』속의 표류민의 표류 해역과 송환 경로

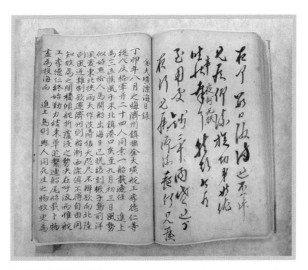

『표해일록(漂海日錄)』

은 표류기이다.

이처럼 김대황과 타공(舵工) 이덕인(李德仁) 등 조선인 24명이 9월 3일 바다에 나갔다가 표류하여 지금의 베트남 안남국 회안부까지 이르렀다가, 안남에서 푸젠성(福建省) 사람의 배를 만나 안남을 출발하여 광시(廣西), 광둥(廣東), 푸젠(福建), 저장(浙江) 등을 거쳐 16개월 만에 제주에 귀환했다는 이 이야기는 여러 곳의 기록에서 확인되고 있다. 먼저 김대황의 『표해일록』은 『조선왕조실록』 숙종 15년 2월 13일, 『비변사등록』 숙종 15년 2월 15일, 2월 18일, 6월 15일, 6월 16일, 6월 20일, 6월 21일에 동일 사건에 대한 관련 기록이 있다. 그 밖에도 몇 개의 책자에 이 표류사건이 소개되어 있다.

일본인의 조선 구경

한편 일본인들 역시 표류의 기록들을 남기고 있는데, 그 가운데 대표적인 것이 바로 『조선표류일기』와 『청국표류도』이다. 한 연구에 따르면 1599년부터 1872년까지 일본으로 표류해 간 조선인은 9,770명이나 된다고 한다. 비슷한 기간(1618~1872) 조선의 해안으로 표류해 온 일본인은 1,235명 정도였다. 이를 평균으로 나누면 연평균 35.7명의 조선인이 일본으로 표류해갔고, 4.86명의 일본인이 조선의 바다로 표류해 온 셈이 된다.

임진왜란을 계기로 조일 관계가 한때 단절되기도 했지만, 1609년(광해군 1) 기유약조가 체결된 후에는 사신파견과 무역 등을 통

『조선표류일기』, 〈표류하는 야스다 일행〉

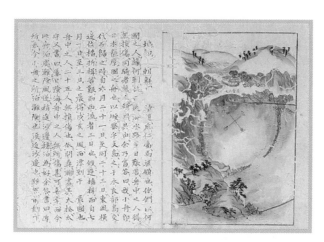

『조선표류일기』, 〈충청도 비인현의 모습〉

『조선표류일기』, 〈조선의 전통 배〉

해 교류를 이어나갔다. 또한, 상대국의 표류민이 자국에 오면 우호 선린의 원칙에 따라 의복과 식량을 마련해주고, 귀국을 도와주는 것을 법식으로 삼았다. 조일 양국의 공식적인 사신 교환은 그리 활발하였다고 하기 어렵지만, 표류를 통해 두 나라 사람들은 매우 밀접하게 접촉하고 있었다고 할 수 있다.

그러나 아쉽게도 표류민의 대다수는 상인이나 어부들이었기 때문에 자신들의 경험을 기록으로 남기지 못했다. 그렇다 보니 남아 있는 표류기는 손에 꼽을 만큼 적고, 그중에서도 알려진 것은 거의 없다고 해도 과언이 아니다. 물론, 표류민 송환 과정에서 제작된 외교문서들이 남아 있기는 하지만, 그것은 공식적인 국가 기록이기 때문에 외교문서를 통해 표류민들의 경험이나 감정을 읽어내기란 쉽지 않다.

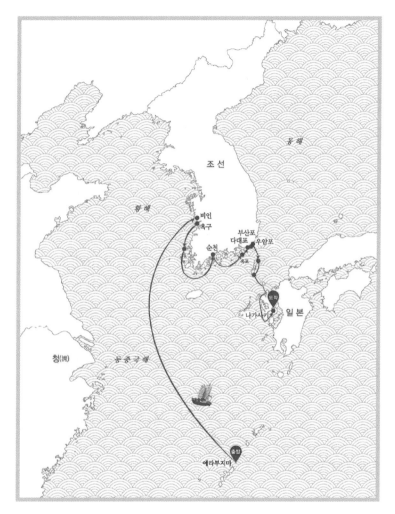

야스다 요시카타 일행의 여정도

2부 바다에서 생존을 구한 자들

『조선표류일기』는 사쓰마번의 무사와 수하 25명을 태운 가메쥬
호(龜壽丸)가 1819년 7월 3일 충청도 비인현의 연도에 표류한 이래
1820년 1월 3일에 부산포를 떠날 때까지 표류민들이 목격하고 경
험한 사실을 일기 형태로 기록한 글이다. 현재는 고베대학 도서관
의 스미다문고(住田文庫)에 소장되어 있는데, 총 7권으로 구성되어
있다. 그중 1권은 오키노에라부지마(沖永良部島)에서 출발한 후 표
류를 시작하여 조선의 비인에 오기까지의 기간 동안 기록된 것이
고, 2권부터 5권의 중반까지는 비인에서 각종 조사를 받는 과정을
기록한 것이다. 5권 뒷부분부터 7권까지는 비인에서 고군산도를
거쳐 부산의 왜관까지 이동한 후 다시 일본으로 돌아가기까지의
과정에 있었던 일들을 기록한 것이다.

　기록을 남긴 사람은 사쓰마번 출신의 야스다(安田)라는 무사이
다. 그는 시문에 밝았고 그림도 잘 그렸으므로 일기 곳곳에 자신
이 만난 사람과 목격한 장면을 글과 그림으로 남겼다. 그중에는
비인현감과 그의 행차 모습, 충청수영의 우후, 마량진의 포구 모습
등 당시 사람들의 복식이나 생활상, 포구의 모습 등을 파악할 수
있는 희귀한 자료들도 있다.

일본인의 중국 구경

　일본인이 중국으로 표류한 기록도 있는데, 대표적인 것이 『청국
표류도』이다. 이 책은 1814년 사쓰마번 태사(太史) 하시구치 센파
쿠 쇼우호(橋口善伯祥甫)에 의해 편집 작성된 표류기로서, 1810년의

표류 일정을 기록한 『청국표류일기(淸國漂流日記)』를 바탕으로 하고 있다.

『청국표류일기』는 사쓰마번 번사 등 29명이 류큐국 나하(那覇)를 출항하여(1810년 7월 22일) 중국 장쑤성(江蘇省) 하이먼(海門)에 표착, 저장성(浙江省) 자푸(乍浦)에서부터 일본 나가사키로 입항할 때(동년 12월 23일)까지의 여정을 일기 형식으로 기록한 것이다. 원래 이 배에는 일본인 23명과 류큐인 1명, 오키노에라부 지역민 5명, 총 29명이 승선하고 있었다. 표류 중에 해난사고와 병고로 2명이 죽고, 청국 땅에 표착했을 때에는 27명이 생존했다. 그 탑승자 중에 문자(한자)를 사용할 줄 알았던 죠쿠호(長久丸) 선장 모리야마 데이지로(森山貞次郎) 및 선원 젠스케(善助)는 나하항 출발부터 청국표류를 거쳐 나가사키로 귀국할 때까지 매일 기록해두었던 것(『청국표류일기』)을, 이듬해(1811년) 3월 귀향하자 그들의 청국체험담으로서 사쓰마번에 제출하였던 것이다.

선장 모리야마 데이지로를 포함한 29명은 1810년 7월 22일 류큐 나하항을 출발하여, 23일 도리시마(鳥島, 오키나와현 시마지리군 구메지마정 유오우 도리시마)를 향하여 북북동 방향으로 달리다가 24일부터 강풍과 악천후 속에 표류하기 시작하였다. 중국어선에 의해 구조되어 9월 4일 중국 하이먼 강가에 표착하기까지, 약 41일 동안 표류하여 험난한 바다 위에서 몇 차례나 죽을 고비를 넘기게 되었다. 그래서 『청국표류도』 서문에 "한 줄기 갈대처럼 쓰러져 전복될 찰나의 곤궁과 진실로 목숨을 건 위험, 극한 상태의 슬픔 등등, 이루 다 말로는 표현할 수 없다"라고 적었다.

그림을 포함하여 『청국표류도』 상·중·하 3권의 길이는 총

6,896cm(68.96m)로 약 70m에 이르는 매우 긴 두루마리 책자이다. 여기에 묘사되어 있는 표류과정 및 중국 체험담은 우리들의 흥미를 불러일으키는 재미있는 이야깃거리들로 가득 차 있다.『청국표류도』의 표류여정(1810년 7월 22일~동년 12월 23일 나가사키 입항)을 해상 표류기간(7월 22일~9월 4일), 중국 체재기간(9월 5일~12월 5일), 일본 귀항기간(12월 5일~12월 23일)의 3단계로 나뉘어 살펴볼 수 있다.

표류여정의 첫 번째 기간(7월 22일~9월 4일)은, 우선 죠쿠호의 나하 출항에서부터 시작된다. 그들의 목적지이었던 사쓰마번으로 가기 위해 나가사키현 고토열도(五島列島) 메시마(女島)를 향해 가던 중 사고가 일어났다. 즉 7월 24일부터 갑자기 기상상태가 악화되어 같이 출발한 부속선 다이호호(大宝丸)도 7월 25일 아침부터 시야에서 사라져버리고, 본선 죠쿠호는 한 줄기 나뭇잎처럼 질풍노도에 휩쓸려 41일 동안 표류하게 되었다. 도중에 조선의 서남해안 근처 작은 섬에 접근하여 상륙을 시도하였으나, 도민들의 거부로 상륙하지 못하고 또다시 표류를 계속하게 되었다. 그러다가 8월 25일경 중국 동쪽 얕은 바다에 도달해, '강남상선'이란 중국 배를 만나 구조를 요청하였으나 일본 쪽 인원수가 많은 까닭에 구조되지 못하였다. 그 후(8월 26일~8월 30일) 계속 동중국해 쪽의 얕은 바다로 떠내려가다가 마침내 선박 죠쿠호가 삼각주에 올라타 버려 앞으로 나아가지도 뒤로 물러나지도 못하는 상황에 놓이고 말았다. 아마도 중국 장쑤성(江蘇省) 동쪽 바닷가에 길게 펼쳐지는 장사(長沙), 북사(北沙), 요사(瑤沙), 암사(暗沙) 일대 해안에 근접한 것으로 보인다. 8월 30일 죠쿠호가 파선될 찰나에 두 척의 중국 어

『청국표류도』

선에 의해 구조되고, 이들로부터 음식과 물을 공급받아 살 수 있게 되었다. 한편 구조한 중국 어선은 8월 30일부터 닷새 동안 밤낮으로 계속 남하하여, 마침내 9월 4일 오후 4시경 강폭이 약 8km 정도 되는 하이먼청(海門廳) 관할 내 포구에 도착하였다. 이어서 다시 한참 동안 강을 거슬러 올라가 강가에 배를 정박한 것으로 추정되는데, 다만 한밤중이라 상륙을 하지 못하고 이튿날(9월 5일) 새벽, 육지로 상륙하게 되었다.

두 번째 중국 체재기간(9월 5일~12월 5일)은 하이먼청 해안 상륙에서부터 일본으로 출항하기까지 중국 내에서 이동하며 체재하게 된 기간이다. 우선 9월 5일 새벽 상륙한 일본인들은 바로 중국인 민간인과 관리들을 만나 그들의 표류 사실을 전하고, 이후 청국 관리의 경호하에 수십 대의 수레에 나뉘어 타고 육로로 이동하여 원해사(圓海寺)라는 사찰에 숙박하게 되었다. 이들은 9월 6일 하이먼 지역 읍치인 핑주성(萍州城)에 도착했고, 관청에서 일본 표류민들에 대한 심문이 이루어졌다. 이후 10월 3일 퉁저우 지역으로 출발할 때까지 이곳에서 26일 동안이나 체재하며 하루 삼시세끼 식사 등이 숙소 경요묘(瓊瑤廟) 앞 찻집에서 제공되었다. 청국의 표류민 송환체재는 기본적으로 명대의 송환 시스템을 계승한 것으로 보인다. 표류민에 대한 심문은 일반적으로 필담 또는 통역을 통하여 이루어졌으며, 『청국표류도』에서는 표류의 연유와 과정을 비롯하여 국적, 이름, 신분, 출신 고향, 거주지 등에 대한 심문이 필담으로 이루어졌다.

한편 중국 내 경유지에 대해 살펴보면 상륙을 하였던 하이먼(海門, 9월 5일: 원해사 숙박) → 밍주촌(名州村, 9월 6일) → 핑주성(萍

『청국표류도』

州城: 하이먼청의 읍치, 9월 6일~10월 2일: 경요묘 26일간 숙박) → 통저우(通州, 육로 이용, 10월 3일: 자영묘 숙박) → 루가오현(如皐縣, 수로 이용, 10월 4일 민가 창고에서 숙박) → 타이저우(泰州, 10월 5일) → 쩡텅읍(曾藤, 10월 7일) → 허즈(賀芝, 10월 8일) → 양저우(揚州, 10월 9일) → 진장현(鎭江縣, 10월 10일) → 단양현(丹陽縣, 10월 11일) → 창저우(常州, 10월 12일) → 우시현(無錫縣, 10월 13일) → 쑤저우(蘇州, 10월 14~21일, 서광사 8일간 숙박) → 우장현(吳江縣, 10월 22일) → 핑왕현(平望縣) 허푸(賀荷, 10월 23일) → 시수이역(西水驛) 스먼현(石門縣, 10월 24일) → 망습촌(望濕村, 10월 25일) → 항저우(杭州, 10월 25일~11월 3일, 사묘 8일간 숙박) → 스먼현(11월 4일) → 자싱현(嘉興縣) 핑후현(平湖縣, 11월 5일~6일) → 자푸(乍浦, 11월 6일~12월 5일, 사찰 숙박)의 여정이었다. 10월 23일의 핑왕현 허푸 지역까지는 장쑤성 관할 지역이고, 10월 24일의 시수이역부터 자푸까지는 저장성 관할 지역이었다.

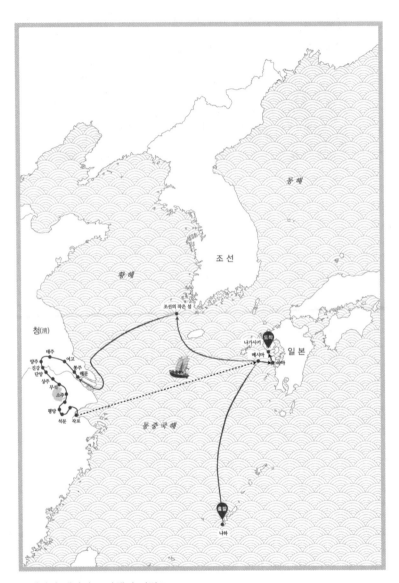

모리야마 데이지로 일행의 여정도

바다를 건넌 사람들

동아시아 해역에서의 교류

이 밖에 중국과 대만인들의 표류에 대한 기록도 있다. 예를 들어, 1688년 베트남으로 표류한 반정규(潘鼎珪)의 『안남기유(安南紀遊)』, 1823년 일본 표류 사건을 기록한 정광조(鄭光祖)의 『표박이역(漂泊異域)』, 1935년 베트남으로의 표류를 기록한 채정란(蔡廷蘭)의 『해남잡저』가 대표적이다. 그런데 한국과 일본에 비해서 상대적으로 이들의 표류 정황을 많이 알 수 없는 것은 기록이 적은 탓이 아닐까 한다. 표류는 결국 해류와 바람의 영향을 받아서 원래 목표했던 곳으로 가지 못해 발생하는 것이다. 표류와 표류 기록이 17~18세기에 많이 나오는 것은 해상을 통한 교류가 빈번해진 사실과도 무관하지 않다. 앞에서도 말했지만 이것은 명청 왕

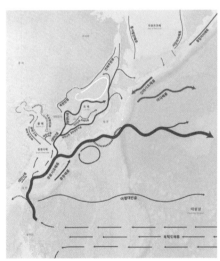

해류 지도와 『해남잡저(海南雜著)』

조가 해금령(海禁令)을 실시하여 동아시아의 해상 무역이 원활하지 못했지만, 이후 해금령이 완화되었던 것과도 연결된다. 또 이 시기에 표류 현상이 많이 등장한 것은 공적인 교역이 제한적이다 보니 불법인 사무역을 할 수밖에 없어서 '가짜 표류'라는 형태로 교역을 시도했던 상인들이 있었던 것과도 관련된다. 또 앞에서 보았듯이 표류를 당한 사람들을 고국으로 돌려보내는 송환제도가 동아시아 국가들 사이에서 정착되어 있었다는 사실 역시 동아시아인들의 해상을 통한 교류가 활발했음을 짐작할 수 있게 한다. (서광덕)

어서 와, 제주도는 처음이지?

17세기 제주목사의 제주도 2년살이 르포 『지영록』

　'제주도 한 달 살기' 광풍이 시작된 지 이미 오래되었지만, 코로나로 인해 제주도가 대체 여행지로 인기가 치솟으며 인스타그램, 유튜브, 블로그 등과 TV는 연일 제주도 콘텐츠나 프로그램으로 넘쳐나고 있다. 푸른 바다와 열대수가 어우러진 이국적인 풍광이나 맛집은 물론, 스킨스쿠버와 해녀 학교, 안도 다다오를 비롯한 유명 건축가의 박물관과 교회, 호텔들, 차귀도·문섬·섶섬 같은 천연구역을 보고 있노라면 당장 짐을 싸서 떠나고 싶은 마음이 든다. 지금이야 비행기로 서울에서는 1시간 내외, 광주나 부산에서는 30~40분이면 제주도에 갈 수 있지만, 불과 100여 년 전만 하더라도 한양에서 제주까지 가려면 족히 두 달 걸렸으니 참으로 먼 길이었다. 말을 탈 수 있는 소수의 관리를 제외하고 대부분 도보로 해남까지 이동하고, 예기치 않은 폭풍과 파도를 각오하고 배에 몸을 실어야 하니, 뭍사람이 바다를 건너거나 제주도 사람이 뭍으로 나오는 일 모두 녹록지 않은 여정이었다.

　제주목사 이익태(李益泰, 1633~1704)도 1694년(숙종 20) 5월 8일 한양을 출발하여 6월 21일 해남 도착, 22일 보길도를 출발하여 29일 제주도에 당도한 것으로 기록하였으니 꼬박 두 달 남짓 걸린 셈이다. 그로부터 제주를 떠난 1696년(숙종 22) 9월까지 약 2년간 제주목사로 일하며 보고 듣고 행한 바를 적은 것이 바로『지영록(知瀛錄)』이다.『지영록』의 '영(瀛)'은 제주의 옛 이름인 '영주(瀛州)'를 의미하는데 요즘 말로 치자면 '제주도 2년살이 르포'랄까. 이익태는 본관이 연안(延安), 자가 대유(大裕)로 1668년(현종 9) 문과에 급제하고 1694년 제주목사로 발령을 받은 뒤 2년이라는 짧은 재임기간 동안 거의 워커홀릭처럼 일하며 굵직굵직한 성과들을 이뤘다. 국록(國祿)을 받는 관리로서의 책임감과 63세 노구를 이끌고 한라산을 두 번이나 오를 만큼 제주에 대한 사랑도 남달랐다.

　『지영록』에 나오는 바다를 건넌 사람들은 크게 두 부류이다. 첫째는 제주목사로 부임하여 한양에서부터 내려온 이익태 본인이고, 두 번째는 제주도에 표류하여 온 외국인과 표류했다가 살아 돌아온 제주인이다.『지영록』의 구성은 전반부, 후반부 크게 둘로 나뉘는데, 전반부에는 이익태 본인의 이야기가, 후반부에는 네덜란드, 중국, 일본, 제주 사람의 표류담이 적혀 있다. 전반부는 1694년 5월 2일부터 1695년 11월 13일까지 약 1년 6개월간 적

이익태 영정, ©국립제주박물관

2부 바다에서 생존을 구한 자들

『지영록』 표지와 내지 ©ACC

어 내려간 이익태의 일기다. 제주목사로 부임하기까지의 여정, 제주 특산물인 공마(貢馬) · 귤유(橘柚) · 전복의 점락(点烙)과 진공(進貢), 군사 훈련을 실시하는 연무정(演武亭) 중수, 한학(漢學) · 왜학(倭學)의 역생(譯生, 오늘날의 통역관) 등의 호적을 보관하는 삼학청(三學廳) 창건, 우암 송시열(宋時烈)을 귤림서원(橘林書院)에 배향한 일, 관덕정(觀德亭) · 운주당(運籌堂) · 장수당(藏修堂) 중창(重創), 본인이 선별한 '탐라십경(耽羅十景)'에 대한 소개 등을 담고 있다. 『지영록』은 제주도의 문화와 역사, 자연 경관과 풍습, 17세기 제주의 행정 등을 두루 이해하는 데 중요한 사료와 기록을 담고 있다. 제주도 최초의 인문지리지로 중요성을 인정받아 2018년 보물 제2002호로 지정되었으며 원본은 이익태의 후손인 연안이씨 야

계종친회에서 국립제주박물관에 기증을 하여 상설전시실에서 관람할 수 있다.

전반부에서 눈여겨볼 것은 「탐라십경도서(耽羅十景圖序)」이다. 17세기 조선에는 지방에 부임한 관찰사가 사적이나 요충지, 승경을 그림으로 기록하는 일이 유행하였다. 순력(巡歷)이라 하여 부임지의 각 처를 순회하며 감독할 때 화공과 같이 다니며 중요 장소나 사건을 화폭에 옮기게 하였다. 여기에 서문을 달아 화첩이나 병풍으로 제작하는 문화가 전국적으로 번져 '팔경(八景)'이나 '십경(十景)'도 이즈음 많이 품제(品題)되었다. 《관동십경도(關東十境圖)》, 《함흥십경도(咸興十境圖)》, 《북관십경도첩(北關十景圖牒)》 등이 그러한 유행의 산물인데, 관리들이 자신의 부임을 기념하는 것뿐 아니라 임지를 홍보하고 지방 백성들에게 자부심을 고취시키기 위함이었다고 한다. 제주에 부임한 이익태 역시 직접 제주의 명승지 10곳을 골라 서문을 쓰고 화공에게 그림을 그리도록 하여 《탐라십경도(耽羅十景圖)》를 남겼다. 아쉽게도 원본은 전해지지 않지만, 훗날 제주목사 이형상(李衡祥)이 제주 순력 장면을 비롯하여 관아의 주요 행사를 40면이 넘는 화폭에 옮긴 《탐라순력도(耽羅巡歷圖)》를 완성하는 데에 직접적인 영향을 미쳤다.

《탐라십경도》에서 선별된 10경은 지금 알려진 '영주 10경'과는 조금 다르다. 이익태는 탐라십경에 백록담, 천지연, 산방, 선상, 영곡 등 비경은 물론, 조천관(朝天館), 별방소(別防所), 명월소(明月所) 등과 같은 군사적이나 지리적 요충지도 포함시켰다. 반면, 이한우(李漢雨)는 제주 승경만을 골라 새로 '영주십경'을 정했는데 이후 많은 선비 묵객들이 읊거나 그린 영주십경은 대게 이

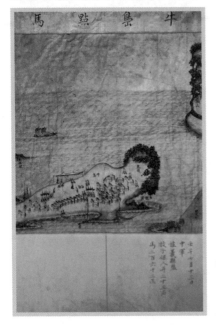

김남길,《탐라순력도》〈귤림풍악〉
〈성산관일〉〈우도점마〉
ⓒ제주민속자연사박물관

瀛洲十景

即看紅雲頭上起　千門曉色一時開　城山日出

西天沂有高峯　落照蒼蒼畫芙蓉　沙峯落照

水暖春晴魚正肥　孤舟一葉載蓑衣　山浦釣奧

名區天作石門開　百縈千紅滿日來　温郊春花

撑天籲地鍾靈氣　五百將軍鎮巨山　靈室奇岩

古寺荒涼問幾秋　山房窟寺　山房暮雨

九天河落雷聲鬧　五月山寒雪影噴　正房瀑布

家〜籬落黃金色　滿樹玲瓏照夕陽　橘林秋色

可食息林間住自由　說山中鹿　古藪牧馬

鹿潭五月放新晴　殘雪玲瓏一鏡清　鹿潭晚雪

友偉金奉洙書

김봉수,《서예영주십경》 ©제주민속자연사박물관

한우를 좇았다.

　이익태는 탐라십경 하나마다 설명문을 달았는데 '영곡'과 '천지연'을 묘사한 글을 보면 남다른 글솜씨를 알 수 있다. 영곡(靈谷) 혹은 영실(靈室)이란 이름은 석가모니가 설법을 펼친 영축산(靈鷲山)을 닮은 골짜기(室)에서 나왔다. 한라산 백록담 서남쪽 해발 1,400~1,600여m 지대에 깊게 파인 골짜기인데, 수려한 암벽이 병풍처럼 둘러싼 기암군(奇巖群)을 형성하고 있어 흔히 영실기암으로도 불린다. 오백장군동 · 오백장군골과 같은 별칭도 있는데 설문대할망이 5백 아들을 낳았다는 전설에서 나왔다. 이익태의 글을 읽노라면 영곡이 17세기 이후에 줄곧 별다른 변화 없이 웅장한 자태를 간직해 왔음을 알 수 있다.

영곡(瀛谷)

한라산 서쪽 기슭 대정현 경계에 있다. 백록담에서 남쪽으로

영실 ⓒ제주관광공사, Visitjeju.net

내려오다 서쪽으로 방향을 틀어 산등성이를 넘고 골짜기를 건너 25리 정도 가면 낭떠러지가 있다. 우뚝 솟은 절벽은 층층이 기암괴석이 늘어서 꼭대기에 펼쳐져 있다. 장대하기로는 장군이 칼을 찬 듯하고, 아름답기로는 미인이 머리를 매만지는 듯하며, 스님이 절하고 신선이 춤추고 호랑이가 웅크리고 봉황이 나는 듯해 크고 작고 높고 낮은 것이 사물의 형상을 닮지 않은 것이 없어, 속칭 오백장군동(五百將軍洞) 혹은 천불봉(千佛峯)이라 불린다. 일명 행도동(行道洞)이라고도 한다.

그 아래쪽에는 샘이 솟아 계곡을 이루어 길게 흘러가며 마르지 않는다. 골짜기는 넓고 평평하며 푸른 소나무가 높이 솟아 하늘을 찌른다.

바다를 건넌 사람들

천지연(天地淵)은 '하늘(天)과 땅(地)이 만나서 이룬 연못'이라는 뜻이다. 이름에 걸맞게 마치 하늘에서부터 약 22m 길이, 약 12m 폭의 장엄한 물줄기가 쏟아져 내리며, 주위의 아열대성, 난대성 상록수와 양치식물, 화산 활동으로 생성된 절벽이 어우러진 한 폭의 절경이 보는 이의 가슴을 탁 트이게 한다. 이익태는 천지연 폭포의 거칠 것 없이 쏟아지는 물줄기와 장대한 모습을 눈에 보일 듯 묘사했다.

천지연(天池淵)

천지연은 대정현 경계에서 동쪽으로 30리 떨어진 곳에 있다. 두 개의 골짜기가 둥글게 감싸고 있고, 절벽이 사방을 병풍처럼 둘러싸고 있다. 여러 갈래의 물줄기가 남쪽에서 모여 폭포를 이루었다. 물이 너럭바위 위를 세차게 흐르다가 곧장 낭떠러지 아래로 떨어지니, 무지개가 걸린 듯하고, 흰 베를 걸어 놓은 듯하다. 천둥소리가 달리고 우레가 진동하는 듯하다. 물이 모여 깊은 못을 이루어, 신룡이 사는 궁이 있다 하여 매번 가뭄이 닥칠 때마다 기우제를 지내는데, 즉시 효험이 나타난다고 한다. 못 가 쪽 바위 사이로 초가가 몇 채 보이는데, 단풍 숲 사이에 숨어 있다.

(…)

이곳의 절경은 인간 세상에 없는 곳인 듯하여 영지 모양의 일산을 황홀히 바라보노라면 신선의 생황 소리가 들리는 듯하다.

천지연폭포, ⓒ제주관광공사,Visitjeju.net

한라산에는 계곡이 매우 많지만, 대부분 건천이라서 길 가는 나그네가 마실 물을 얻기도 어렵다. 오로지 두 현에 있는 세 개의 연(淵)이 물줄기가 길게 흐르고, 모두 경치가 빼어난 폭포를 이룬다. 아깝도다! 바다 밖 외딴 섬이라 이곳을 노닐며 감상하는 이 없고, 세상에 알려지지 않았구나.

두 번째 주제, 표류민 이야기는 후반부에 나온다. 이익태는 자신이 부임하기 이전인 1652년~1693년까지, 즉 효종부터 숙종대까지 제주에서 발생한 주요 표류 사건 기록을 조사하고 그 가운데 14편을 골라 실었다. 제주 사람 김대황(金大璜)과 일행의 표류기 및 관련 기록 3편, 외국인 표류기가 11편인데, 외국인 표류기의 경우 서양 1건, 일본 2건, 중국 8건이다. 표착지(漂着地) 결정에 가장 큰 영향을 주는 요인이 바람과 해류이며, 지리적 근접성으로 인해 표류민 대부분이 중국인과 일본인이었다. 14편 중 주목할 만한 두 편이 『하멜 표류기』로 잘 알려진 「서양 사람 표류기」와 「김대황 표해일록」이다.

「서양 사람 표류기」는 네덜란드 호르큄(Gorcum) 출신 헨드릭 얌센 하멜(Hendrik Y. Hamel)과 그 일행의 표류기를 다룬다. 하멜은 1651년 동인도회사에 취직하여 1653년 7월 상선 스페르베르(Sperwer)호를 타고 대만을 거쳐 일본 나가사키로 향하던 중 태풍을 만나 일행 36명과 함께 제주도에 표착(漂着)했다. 이들은 제주도에서 1654년 5월까지 지방관의 보호를 받다가 탈출을 시도했지만 실패했고 10개월 동안 감금됐다가 이듬해 한양으로 압송돼 심문을 받았다. 1656년 3월 초, 청나라 사신들이 조선을 방문했을 때 다시 탈출을 시도했으나 발각돼 처형될 위기에 몰리기도 했다. 1656년 전라남도 강진(康津)으로 유배돼 전라병영성(全羅兵營城)에 소속됐다. 가뭄으로 1663년 여수(麗水)의 전라좌수영(全羅左水營)에 배치됐고 동료 7명과 함께 1666년 탈출에 성공해 나가사키를 거쳐 1668년 네덜란드로 귀국한다. 무려 14년 만의 일이었다. 귀국 후 1668년 『네덜란드선 제주도 난파기(Relation du Naufrage d'un Vaisseau Hollandois)』 및 부록 『조선국기(Description du Royaume de Corée)』를 발표했다.

이는 조선의 지리·풍속·정치·군사·교육·교역 등을 유럽에 소개한 최초의 문헌이 됐다. 우리나라에서는 『하멜표류기』로 널리 알려져 있고, 제주, 여수, 강진 등에 하멜박물관이나 기념관이 설립되었다. 2015년 고향 네덜란드 호르큄에선 하멜의 생가로 추측되는 곳에 '헨드릭 하멜 박물관'이 문을 열어 하멜과 한국문화를 소개하고 있다.

『하멜 표류기』 첫 장과 『조선국기』 첫 장.
이 책은 1670년 불어 번역본이다. ⓒACC

헨드릭 하멜 박물관의 내외부 모습과
하멜 동상

하멜 이야기는 『효종실록』을 비롯하여 『비변사등록』, 『승정원일기』 같은 공식 문서나 개인 문집 여러 권에 기록되어 있다. 36명이나 되는 외국인이 한번에 제주도로 표류해 온 전례도 없었거니와 여러 번의 탈출 시도 등으로 감금되거나 한양, 강진, 여수 등 여러 곳으로 옮겨 배치되었기 때문에 민간의 관심 또한 높았다. 공식 기록이나 개인문집에서 항해 목적, 표류한 경위, 생사자의 수나 전후 처리과정을 기록한 내용은 엇비슷하나 『지영록 · 서양 사람 표류기』에서는 다른 기록에서 볼 수 없는 인간애 넘치는 묘사가 눈에 띈다. 제주 관아는 여러 차례의 신문과 통역을 통해서도 그들의 국적을 알 수 없자 제주에 표류해서 조선으로 귀화한 박연(朴延)을 제주로 내려보내 달라고 한양에 요청한다. 박연의 본명은 얀 얀세 벨테브레(Jan Janse Weltevree)로, 1627년 우베르케르크(Ouwerkerck)호를 타고 나가사키로 향하던 중 제주노에 표착했다. 박연은 다른 동료 2명과 조선에 귀화해 훈련도감에 배속돼 명에서 들여온 홍이포(紅夷砲)의 제조법 · 조작법을 조선군에게 지도하는 일을 담당했다. 박연과 고향 사람의 첫 만남은 아래와 같이 적혀 있다.

남만국 사람으로 (우리나라에) 표류해 온 박연을 내려보냈다. 한글과 번역으로 주고받은 질문과 대답을 별도의 종이에 적어 임금께 급히 보고했다 (…) 박연과 표류해 온 서양 오랑캐 3인은 처음에 서로 가까이에서 오랫동안 자세히 살피다 말하기를 "나와 형제 같은 사람입니다."라고 했다. 이로 인해 서로 이야기를 하며 슬픔에 눈물이 그치지 않았다. 박연 역시 눈물을 흘렸다. 다음 날 박연이 서양 오랑캐를 죄다 불러 각자 사는 곳의 이름을 말하게 했는데 모두가 남만 땅에 살고 있었다. 그중 한 어린아이가 나이는 겨우 열세 살이고 이름이 데네이스 호베르 첸이었다. 그 아이 홀로 남만국에서 박연이 살던 곳과 가까운 지방 사람이었다. 박연이 자기 친족에 대해 물었더니 대답하기를 "살고 있던 집은 무너져 옛터엔 풀이 가득하고 아저씨는 돌아가셨지만 친척은 살아 있습니다."라고 했다. 박연이 더욱 비통함을 이기지 못했다.

이미 조선에 귀화한 지 30여 년이 다 되어 갔으나, 고향과 가족에 대한 그리움, 고향에 돌아갈 길 없게 된 자신의 신세를 한탄하며 박연이 눈물을 흘리는 장면은 독자로 하여금 울컥하게 만들 정도이다. 또한 『지영록』은 처음 제주에 도착했을 때의 네덜란드인의 복장, 눈동자 색과 피부 빛깔, 예의범절, 왼쪽에서 오른쪽으로 글자를 쓰는 방식, 우리나라와 반대로 이름을 앞에 쓰고 성을 나중에 쓰는 풍습, 손짓과 몸짓 등을 활용한 의사소통 방식까지 매우 소상한 기록을 남겼다.

한편, 「김대황 표해일록」은 1687년 제주진무(濟州鎭撫) 김대황(金大璜) 등 24명이 제주목사가 직책을 교대할 때 진상하는 말 3마리를 싣고 화북진(禾北鎭)에서 육지로 출항했다가 추자도 앞바다에서 태풍을 만나 한 달여를 표류하다가 오늘날 베트남 호이안, 즉 안남국 회안부(安南國 會安府)에 표착한 일을 적었다. 현지에서 3명의 병사한 동료를 이국땅에 묻는 슬픔을 겪은 뒤 갖은 노력 끝에 베트남 국왕으로부터 출발 허락을 얻었다. 1688년 7월 중국 복

元山東湔南府止川縣人數東縣縣法王滿官張
龍泉漱州人胡明先蘇州府徒朋縣人陸大唐等朋
宇維安府人馬秀宇禍八及苗珍質也同年四月二
十九日分載兩隻船出送康洋都會官次上去而
其所持卜物狐炚人參松子細絲錦陵綵村百餘馱
示載一船直往開時城府御下
西洋國漂人記監收彼寺元鎮判官盧錠大靜縣
癸巳七月二十四日西洋國漂人礼㒵岩㐓等六十
四名同乘一船致敗于大靜縣地方庭歸鎮下大也

金大璜漂海録
丁卯年八月之晦濟州鎮撫金大璜舵工等德仁等
徒人及格軍并二十四人同乘一船載運往
馬三五候風于禾北鎮港口爰至九月初三日風勢
似好點撿人馬開船出海日已晚緣到楸子島前洋
風變東北挟雨大作波濤接天盡尺不辨欲向北陸
則風近濟州則西溟俱不得自由唯舵
工李惠二冬合力卜吉東皇

『지영록』 「서양 사람 표류기」와 「김대황 표해일록」 ©ACC

건성 상선에 쌀 600포를 주기로 약속하고 회안의 항구에서 출항, 광서-광동-복건-절강 4개 성의 연안을 경유하며 4개월을 걸려 중국 영파부에 도착할 수 있었다. 다시 10일을 항해한 끝에 서귀포에 도착한 날이 12월 17일이었다. 표류한 지 16개월 만에 비로소 고향 땅으로 돌아온 것이다. 「김대황 표해일록」은 베트남-중국-조선을 거쳐 돌아온 송환 절차와 여정은 물론, 17세기 베트남의 물산, 행정과 풍습까지 소상히 적었다. 조선 사람이 베트남을 간 일은 거의 없다고 해도 과언이 아니거니와 표류해서 베트남까지 갔다 생환한 기적 같은 이야기도, 베트남의 풍속 기록도 모두 놀랍고 진기하다.

안남국 사람들의 의관제도는 신분의 고하나 남녀의 차이가 없이 한 가지였다. 그래서 귀천을 구분할 수 없었다. 모두 이를 검게 칠했으며, 지위가 높은 사람은 말총모자를 썼다. 크고 작은 공문서에는 모두 정화(正和) 연호를 쓰고 있는데, 무진년(1688)은 바로 정화 9년이었다. 집집마다 노루·사슴·물소·코끼리·공작 등의 가축을 많이 기르고 있었다. 또 물소로 밭을 갈고 코끼리를 타며, 소와 말도 있었는데 체격이 크고 뛰어났다. 농장은 모두 무논이었으며 밭곡식은 없었다. 산림(山林)은 모두 뽕나무와 삼(麻)이었다. 1년에 2번 벼를 재배하고 8번 누에를 쳤다. 풍속은 순박하고 넉넉해 음식과 물자가 풍족했다.

(…)

7월 1일, 안남부에 도착해 뱃사공들을 점검했다. 복건성 선호와 뱃사공을 합쳐 28명에다 우리 표류인까지 더해 49명이 모두 한 배에 올라 항구에서 바람을 기다렸다. 그때 회안부에서 쌀 15포, 바닷고기 절인 것 10항아리, 술 1동이, 포 3편, 동과(東瓜) 15개, 초 15자루, 금종이 2다발, 향 3다발을 갖고 와서 배에 실어 주었다. 또 돈 1꿰미 500문, 쌀 반 포를 재부 주한원에게 특별히 보내어 땔감과 물을 마련하는 데 쓰게 했다.

「서양 사람 표류기」와 「김대황 표해일록」은 17세기 조선과 외국이 서로를 어떻게 인식하였는지를 보여주기도 하거니와 아시아에서 표류민이 발생하였을 때의 조사 과정이나 표류민에 대한 구휼(救恤)과 배려, 송환까지 하나의 체계화된 국가 간의 공식적 처리 방식이 존재했음을 알려준다. 더불어 명·청 교체기의 혼란, 삼번의 난, 동남아 화교 상인의 출현, 류큐의 일본 복속, 17세기 아시아 민간 무역 체계와 주요 물품, 민간 풍속까지 당시 동아시아의 역사를 파악할 수 있는 자료이기도 하다.

김정희, 《세한도》 ©국립중앙박물관

제주는 사면이 바다로 된 탓에 일찍부터 뭍과는 다른 고유의 민속과 풍광을 지녔다. 왕명을 받아 부임한 정식 관리이든, 유배를 당한 죄인이든, 혹은 그저 다니러 온 유생이든 적지 않은 이들이 부지런히 제주살이를 기록하였다. 그림으로 보면 제주도 서귀포에서 8여 년 유배생활을 한 추사 김정희(金正喜)의 《세한도(歲寒圖)》가 으뜸이겠으나, 글은 이익태를 앞서거니 뒤서거니 하며 여러 편이 나왔다. 조선 중종 때 김정(金淨)의 유배 경험의 소산인 『제주풍토록(濟州風土錄)』(1520~1521), 17세기 초 서귀포의 자연환경, 풍속 등을 고찰하는 데 없어서는 안 될 김상헌(金尙憲)의 『남사록(南槎錄)』(1669), 《탐라순력도》의 자매편으로 일컬어지며 37개 항목에 걸쳐 제주의 자연, 산업, 민속 등을 상세하게 기록한 보물 652호 『남환박물(南宦博物)』(1704), 표류해 온 중국배의 구조를 자세히 분석한 글이 있는 『해외문견록(海外聞見錄)』(1706), 뭍에선 맛보기 힘든 귤의 종류와 맛, 색깔 등을 논한 「귤보(橘譜)」가 실린 『탐라문견록(耽羅聞見錄)』(1732) 등이 그것이다.

『해외문견록』 번역본 표지
©휴머니스트

『탐라문견록』 번역본과 내지 ©휴머니스트

『지영록』 서문에서 이익태는 "백성들의 괴로운 사정, 피폐해진 물산, 방호의 장단점을 암암리에 알고 익숙하게 됐다... 쌓인 폐단을 바르게 하고 잘못된 정치를 고치는 것은 지금을 이을 뒷사람을 기다리는 마음에서다."라고 집필 의도를 밝혔다. 이익태를 포함하여 제주살이를 기록했던 많은 이들의 의도는 저마다 다를 것이다. 그러나 분명한 것은 풍랑과 바람을 무릅쓰고 바다를 건너 목도한 제주는 유배자의 신산스런 삶도 위로할 만큼 독특하고 매혹적이었나 보다. 그리하여 붓을 드는 노고를 마다 않고 글로, 화폭으로 옮긴 것은 아닐까. 누가 시키지 않아도 21세기 후손들이 소셜 미디어로 저마다의 제주를 기록하는 것처럼 말이다. (안재연)

부산항에 입항한 베트남 보트피플

보트피플의 발생 배경

베트남 보트피플은 베트남전쟁을 계기로 발생되었고 1970년대 초반 그 당시 세계적으로 큰 고민과 문제를 던져 준 사건이었다. 베트남전쟁은 프랑스가 식민주의적 야심을 버리지 못하고 이어진 베트남에 대한 침략적 행보에서 시작되었다. 19세기 이래로 베트남은 라오스, 캄보디아와 함께 프랑스의 식민지였고 이 식민지 환경 속에서 독립운동의 주도권은 호찌민을 비롯한 공산주의 세력인 월맹이 쥐고 있었다. 월맹은 일본패전 후 베트남 북부지역을 빠르게 점령하여 베트남 민주공화국을 세웠다. 결국 베트남은 1954년 7월 21일 제네바에서 열린 회담을 통해 북위 17도 선을 경계로 프랑스의 남베트남과 월맹의 북베트남으로 나눠졌다. 초기 남베트남에서는 친불층이 기득권을 형성했으나 시간이 지남에 따라 프랑스의 입지가 약해져 휴전협정 이행조차 방기하고 프랑스는 철수했다. 이에 미국은 만약 베트남이 공산화되면 인도차이나반도를 넘어 자본주의 진영의 국가들이 하나둘씩 공산화될 수 있다는 도미노 이론을 걱정한 나머지 이 베트남전쟁에 참여를 고려하게 되고 1964년 8월 2일에 발생한 통킹만 사건*을 기점으로 남베트남에 본격화된 군사개입을 시작했다. 그리고 본격적으로 베트남전쟁이 시작된 계기는 1965년 3월 30일 사이공에서 발생한 베트콩의 미 대사관 폭탄 테러였다. 미군은 대규모로 병력 증강을 했고 라오스, 태국, 대한민국, 필리핀, 호주, 뉴질랜드가 전투병을 파병했다. 결국 이 전쟁은 자유주의와 공산주의 진영의 이데올로기적인 측면까지 확대되었고 이렇게 전쟁이 계속되자 미국 내에서 반전 여론이 고조**되고 있는 가운데 1969년 공화당의 리처드 닉슨 대통령이 남베트남에서의 단계적인 철군을 발표하였다. 결국

---

* 1964년 8월 2일 통킹(Ton Kin)만의 공해상에서 미국의 구축함이 순찰 도중 북베트남 해군의 어뢰공격을 받은 사건. 이 사건 직후 8월 5일 미국은 항공모함의 함재기를 출동시켜 북베트남의 해군기지, 유류 저장고 등을 폭격.(배정호 외 5명, 『사이공 패망과 내부의 적-베트남전쟁과 통일전선전술』, 비봉출판사, 2018, p.69.)

** 반전운동은 1965년부터 1973년 미군이 베트남에서 완전히 철수할 때까지 오랫동안 계속됐고, 중산층 출신으로 고등교육을 받았던 이들은 조직적인 반전운동에 참여했지만, 여성과 흑인 등 경제적으로 하층에 속했던 더 많은 수의 미국인들은 반전운동에 적극적으로 참여하지 않았다. (박태균, 『베트남전쟁』, 한겨레출판, 2015, pp.198-200.)

바다를 건넌 사람들

1975년 북베트남에 의해 무력통일이 되자 북베트남은 생산수단을 국유화, 집단화하고 경제활동을 강력히 통제하기 시작했으며 주요 당조직과 행정조직은 북쪽의 공산당원이 거의 독점하였다.

월남이 패망하던 1975년 4월 30일, 월맹군 탱크가 울타리를 부수며 월남 대통령궁으로 진입하고 있다.(박인석, 「1975년 '십자성 작전' 참여 함장의 증언 (上)」, 『월간조선』, 2013년 4월호)

이들이 규정한 반동적인 정치인, 군인, 관료, 교사 등 이른바 '특권계층'들은 사상개조라는 미명 아래에 수용소로 끌려갔다. 이 중 10만 명은 가혹한 처사를 받았고 그 과정에서 심각한 인권유린이 발생하였으며 또 이들에 대한 대숙청 이후에는 공산 베트남을 탈출하려는 대규모 보트피플이 발생했다.

1975년 남베트남 패망 후 탈출한 '보트피플'(연합뉴스, 「베트남 '보트피플' 출신 난민 수천 명, 미국서 추방 위기」, 2019.2.26.)

보트피플(Boat People)의 어원은 원래 강이나 바다에서 배를 띄워 그 배 안에서 사는 사람들을 뜻하는 말이었으나, 베트남전쟁 이후부터는 공산화되어 가는 베트남을 떠나 주로 배를 타고 해로를 통해 국외로 탈출하는 난민을 지칭하는 의미가 되었다. 보트피플은 1973년부터 속출되었으며 1975년에서 1978년 사이에 정점을 찍었다. 정치인, 관료와 같은 상류층들은 미국이 철수한 1973년부터 남베트남이 패망하는 1975년까지 베트남을 탈출해 보트피플이 되었으며 그 수가 어림잡아 80만 명이나 되었다. 그리고 중월전쟁 또한 베트남에서 보트피플이 많이 발생한 계기가 되었다. 베트남 공산당은 전쟁 중에 중국으로부터 많은 지원을 받았으나, 공산정권이 남베트남의 상권을 장악하고 있던 화교를 탄압해 양국관계는 험악해졌고, 1979년 2월에서 3월까지 진행된 중월전쟁의 여파로 탄압을 받을 위기에 있었던 많은 중국계 화교들도 보트피플이 되어 베트남을 탈출한 것이다. 이처럼 초기의 베트남 보트피플은 주로 정치인, 군인 등 이른바 특권 관료층과 그 가족들, 그리고 자산가,

지주들이 국외에 연고나 도피할 장소가 있어서 보트에 몸을 담은 경우였지만, 점점 상인, 화교 등 베트남의 경제적·사회적 어려움을 견디지 못하고 탈출하는 중산층 난민들로 확대되었다. 이들의 탈출루트는 다낭에서 홍콩까지 또는 다낭에서 동남아시아 쪽이었다.

보트피플의 탈출루트와 부산항까지의 입항

베트남 보트피플 즉, 베트남을 떠나려는 난민들이 탈출을 하기 위해서는 먼저 배를 구해야 했다. 이들은 배를 대여해 주는 보트대여상에 몰리게 되었고 대체로 보트피플이 많이 발생한 지역은 다낭(Đà Nẵng)이었다. 베트남 난민들이 안전하게 국외로 탈출하는 방법은 보트를 타고 홍콩으로 가서 그다음부터 배가 아닌 다른 수단으로 빠른 시간 안에 국외로 도피하거나 아님 배를 타고 일본 또는 호주, 뉴질랜드로 가는 것이었다. 부유층의 경우는 운 좋게 홍콩에 정착해 프랑스, 독일, 미국, 캐나다로 탈출할 수 있었지만 중산층의 경우는 별도의 방법 없이 바다 위를 떠돌면서 보트 위에서 생계를 유지해야만 했다. 이들은 보트 위에서 굶주림과 갈증에 시달리며 항해를 거듭하는 와중에 해적에게 학살되기도 했고 또 굶주림과 병으로 사상자가 속출하기도 했다. 이에 유엔난민기구(UNHCR)는 보트피플에 대처하기 위해 보트피플의 탈출루트인 말레이시아, 태국, 필리핀, 홍콩, 인도네시아에 난민캠프를 설치해서 이들을 보호하기도 했다.

그럼 부산항으로 입항한 베트남 보트피플은 어떤 과정을 거쳤을까?

남베트남의 판 쿠앙 단(Phan Quang Đán) 부수상은 다낭지역에 고립된 전시 피난민 수송을 위해 한국정부에 선박 및 항공기 지원을 요청했다. 이에 정부는 1975년 4월 5일 표면적으로는 인도적 고려에 의한 구호물자 지원과 피난민 구호를 내세우면서 실제적으로는 교민 철수를 지원하기로 하고, 한국 해군 상륙함 LST(Landing Ship Tank) 810(계봉함), 815(북한함)와 해군 269명을 파견해 9일 부산을 떠나 다낭으로 향했다.

1975년 4월 월남 패망 직전, 주월교포들을 구출하기 위해 계봉함이 월남을 향해 출항하고 있다.(박인석, 「1975년 '십자성 작전' 참여 함장의 증언 (上)」, 『월간조선』, 2013년 4월호)

그런데 다낭이 함락되면서 수송 분대는 나트랑으로 진로를 변경했고 이곳도 역시 함락되자 사이공으로 진로를 수정했다. 그러나 남베트남의 정부와 주월 김영관 대사의 작전은 달랐다. 주월대사는 구호품 전달식을 구실로 교민수송을 위해 해군 LST를 사이공의 뉴포트까지 들어오도록 요구했고, 남베트남의 정부는 구호물품 제공과 함께 붕따우에서 자국 피난민을 푸꾸옥 섬으로 수송할 것을 요구했다. 만약 자신들의 요구를 거부하면 교민의 안전철수를 방해하겠다는 것이었다. 주월대사는 남베트남 정부와 협상을 거쳐 남베트남의 요구를 수용함과 동시에 교민들을 승선시키기로 했다. 해군 LST는 4월 29일 남베트남과의 약속대로 푸꾸옥 섬에 도착해 남베트남 피난민과 일부 물자의 하역작업을 진행했다. 그러나 4월 30일 남베트남의 항복과 아울러 이 작업을 중단해야 했고 파병됐던 우리 군도 서둘러 본국으로 돌아와야 할 상황이었다.

810함에 승선하는 월남 난민들. 월남 정부는 이들을 푸꾸옥 섬까지 피란시켜 주는 조건으로 한국 교민들의 이송을 허가해 주었다. (박인석, 「1975년 '십자성 작전' 참여 함장의 증언 (上)」, 『월간조선』, 2013년 4월호)

2부 바다에서 생존을 구한 자들

베트남에서 교민을 구한 십자성구출작전 참여 해군들(「베트남판
흥남철수 십자성작전의 영웅들」, 『신동아』, 2018.8.29.)

한국 교민과 베트남난민 등 1,364명을 태운 LST난민수송선은
5월 13일 부산항에 입항했다. LST선의 박인석 대령의 체험기록
(2013)에 의하면, 난민들은 부산항으로 항해 중 라면을 주로 먹고
건빵 등을 간식으로 먹었으며 선실이 너무 더워 갑판 위에 30여
개의 천막을 치고 생활했다고 한다.

또 베트남 사람들은 평소 목욕을 여러 번 하는 관습이 있는데
함상에서는 그것이 불가능하자 식사 때 배급하는 식수를 캔에 넣
어 두었다가 화장실에 가서 몸을 씻는 사람도 늘어났다. 선상에서
의 어려운 생활 끝에 난민들이 부산항에 상륙하자 난민구호관리
본부는 대기시켜 두었던 31대의 버스에 즉시 이들을 태워 임시수
용소로 지정된 구 부산여고로 이송했다.

그리고 당시 부산항에 두 번째로 입항한 베트남 난민 선박으로
쌍용호가 있었다. 쌍용호는 삼양선박 소속 화물선으로, 1975년 5

월남 패망 후인 1975년 5월 13일 부산항에
입항하는 810함 함상의 월남 난민촌(박인석,
「1975년 '십자성 작전' 참여 함장의 증언 (上)」,
『월간조선』, 2013년 4월호)

베트남을 빠져나온 교포와 피난민들이 해군 LST선 갑판에 천막을
치고 생활하고 있다.(「베트남판 흥남철수 십자성작전의 영웅들」,
『신동아』, 2018.8.29.)

월 2일 베트남 최남단 까마우곶 해상을 지나던 중 기관고장으로 표류 중이던 월남해군 상륙정 1척과 통선들을 발견했고 이들을 구출했다. 이로부터 열흘간 쌍용호는 난민들을 미군기지, 대만, 태국 등의 항구에 기항해 인계하려 했으나 모두 거절당한 뒤 결국 한국정부의 허락을 받아 5월 23일 부산항으로 들어왔던 것이다. 중앙일보(1975.05.23.)에 의하면, 난민구호관리본부는 5월 23일 오전 11시 삼양선박에서 마련한 2척의 연락통선으로 검역관계관 10명, 세관직원 10명, 입국관리소직원 4명, 구호본부행정요원 4명, 경찰관 15명 등 43명을 부산외항 오륙도 밖 해상에 정박 중인 쌍룡호에 승선시켜 난민들의 개인소지품·무기 등을 신고받고 검역을 실시했다. 관리본부는 난민들의 검역을 간이검역으로 끝냈으며 채변배양검사는 난민들이 수용소에 수용된 뒤 실시키로 했다. 정부의 주도하에 부산시와 대한적십자사는 이들이 생활할 수 있도록 LST에 실려 온 난민들이 체류하고 있는 구 부산여고 건물로 이동했다.

부산항에 입항한 보트피플은 LST난민과 쌍용호난민*뿐만이 아니다. 중월분쟁이 절정이었던 1977년에서 1979년까지 한국에 들어온 난민 수는 타 동남아 국가의 전반적인 입국 추세와 비슷할 정도로 많았다. 노영순(2013)은 1977년이 162명으로 가장 많았고 그다음이 1979년 145명이었으며, 1978년에는 가장 적은 99명이

---

* LST 난민은 한국 해군 상륙함 LST에 의해 구조된 난민을 말하고, 쌍용호 난민은 삼양선박소속 화물선 쌍용호에 의해서 구조된 베트남 난민을 뜻한다.

부산항으로 들어왔다고 설명했다. 당시 부산항으로 입항한 선박들을 보면, 동남아취항선 동연호는 동서해운 소속으로 20명의 베트남 난민(남12, 여8)을 싣고 1977년 8월 14일 부산항에 입항했다. 정기화물선 삼동호는 삼익상선 소속으로 1978년 2월 5일 남중국 해상에서 표류하고 있던 베트남 난민 45명을 구조해 13일 인천항에 입항했다. 원양어선 제55호 오룡호는 사조산업 소속으로 남중국해에서 표류 중이던 베트남 난민 40명(남33, 여7)을 구조해 1979년 9월 19일 부산항에 입항했다. 특히 1985년 광명 87호는 고려원양 소속으로 동년 11월 14일 오후 5시 30분경, 싱가포르 동북쪽 200마일 지점의 남중국해상을 지날 무렵 남중국 공해에서 표류하던 베트남 난민 96명을 구조해 부산항으로 입항했다.

(KBS스페셜, 〈보트피플(베트남 난민)-전제용 선장과 96人의 난민들〉, 2015.4.20.)

광명 87호 선장 전제용 씨는 출항 전 받았던 "보트피플을 보더라도 무시하라"는 본사 측의 지시에 앞서 사람의 생명을 중요시 여겨 보트피플의 구원이라는 도의적인 책임을 다했던 것이었다. 선상에서의 생활상을 살펴보면, 선장은 남녀노소와 환자를 구분시켰고 조리사는 수일간 굶은 난민들에게 갑자기 밥을 먹일 수 없어 우선 따뜻한 우유와 잼을 바른 식빵을 나눠주었다. 또 광명호 선원들은 자신의 침실을 난민 부녀자들과 어린이들이 생활할 수 있도록 비워 줬다. 이에 선원 24명은 기관사 침실 4곳과 통신실에서 단체숙박을 해야 했고 난민 중 남자들은 갑판에 천막을 치고 지내게 했다. 전 선장은 보트피플의 리더를 피터 누엔 씨에게 맡게 했고 이것이 인연이 되어 둘은 선상에서 대화의 시간도 가졌다.

(KBS스페셜, 〈보트피플(베트남 난민)-전제용 선장과 96人의 난민들〉, 2015.4.20.)

보트피플 96명을 실은 광명호는 그해 11월 26일 부산항에 무사히 입항했고 한국정부는 어쩔 수 없이 그들을 받아들일 수밖에 없었다. 난민들은 11월 30일 부산 대한적십자 난민보호소에 수용됐고 전제용 선장은 그날부로 하선조치를 당했다. 이 외에도 베트남 보트피플은 남중국해상에서 구조되어 부산항으로 바로 입항된 경우도 있었고 또 타 항구도시 여수항이나 인천항으로 입항해서 부산으로 들어와 부산난민보호소로 입소를 했던 경우도 많았다.

그렇다면 베트남 보트피플이 왜 다른 항구보다 부산항으로 입항을 많이 했던 것일까?

부산항은 지정학적으로도 동북아해역의 중심 항이고 또한 외부로부터의 선박접안 시설이 뛰어나 사람들의 이동에 유리한 인프라가 잘 형성되어 있다. 이에 입항한 보트피플에 대한 건강검사 및 예방접종을 비롯한 검역조치와 난민들에 대한 신상파악 그리고 주거와 식사 등 일상적 구호가 현장에서 바로 실시 가능했다. 또 당시에는 베트남 난민을 인도적 입장에서 수용했지만 향후 한국에서의 정착과 제3국으로의 재정착 등의 전망이 불확실한 상태에서 국내외로의 이동성이 편했던 곳이기도 했다. 게다가 부산항은 맹호부대를 비롯해 국내 수많은 장병이 자유민주주의를 수호하라는 당시 국가의 명령에 따라 베트남으로 떠났던 곳이었으며, 또한 한국전쟁 시기 피난민 수용에 대한 경험 등도 부산항이 베트남 난민을 위한 수용지가 되는데 영향을 끼쳤다고 말할 수 있을 것이다.

2부 바다에서 생존을 구한 가들

부산에 들어온 베트남 난민, 보트피플

1975년 4월 26일 베트남 난민들은 메콩강에서 LST 810, 815를 타고 사이공을 출발해 5월 13일 부산에 처음으로 발을 내딛었다.

LST함선에서 내려 부산항에 처음 발을 내딛는 모습(「베트남판 흥남철수 십자성작전의 영웅들」, 『신동아』, 2018.8.29.)

관리본부에 따르면 부산에 도착한 1,364명의 월남철수난민들은 전 주월대사관 직원 및 주한월남대사 가족 23명 이외에 구호대상자였다. 이들은 한국인 319명, 월남인 988명, 중국인 33명, 필리핀인 1명 등으로 이루어져 있었는데 월남인 중에는 한국교민의 월남인 처와 자녀 659명, 순수 월남인 329명이 포함되어 있었다(중앙일보, 1975.05.13.). 한국에서는 당시 동남아 지역에서 번지고 있었던 콜레라, 장티푸스 등 무서운 전염병의 국내 침투를 막기 위해 철저한 대책을 세워 관리를 했다. 당시 배에서 내린 난민들의 모습은 대부분이 손가방과 물컵, 식기 등 간단한 휴대품을 들고 여인들은 대부분 줄이 서도록 다린 바지와 스웨터를 입고 있었다. 신발은 비닐샌들을 신었으나 화장을 짙게 하고 루즈까지 칠했으며 옷차림에도 신경을 썼던 예상 외로 건강한 모습들이었다. 부산출입국사무소는 승선자 전원과 이들의 휴대품은 당초 상륙부두에서 통관 절차를 실시할 예정이었으나 혼잡을 피하기 위해 승선자 전원을 휴대품과 함께 수용소에 옮긴 뒤 세관당국이 검사를 하기로 했다. 특히 피난민들이 많이 가지고 있는 것으로 보이는 귀금속품에 대해서는 세관이 신고를 받아 일단 영치한 뒤 한국은행에 신고를 마치고 교환허가가 나면 과세하지 않고 본인들에게 되돌려 주기로 했다. 한국정부는 부산시 서구 대신동 구 부산여고 건물에 임시 체류지를 만들면서 역사상 첫 '난민보호소'를 개소하였다. 난민구호본부는 5월 16일 오전 9시부터 가족과 연고자의 면회를 허가했고 오후부터는 정상여권을 가진 한국인 독신자 50명을 포함해서 이미 신원조회와 심사가 끝난 115명의 한국국적 난민을 귀가시킬 방침이었다. 한국인 난민들의 귀향이 끝난 후 구호본부는 나머지 무연고 월남인과 제3국인 난민들에게 난민증을 발급하고 이들이 정착지를 결정할 때까지 장기구호에 나섰다.

다음은 쌍용호에 의해 두 번째로 부산에 들어온 베트남 난민에 대해서 알아보자.

5월 23일 부산에 입항한 베트남 난민 216명은 구출 당시 베트남 해군상륙정을 타고 있었다는 사실에서도 짐작할 수 있듯이 대부분이 남베트남 정권의 군인 군속이었다. 133명(62%)의 군인과 그들의 민간인 가족 83명으로 이루어진 쌍용호 난민은 19가구의 구성원들이었다. 성별로 보면 남성이 81%(175명)로 대다수였으며 연령별로 보면 20~30대가 72%(155명)를 차지했다. 남베트남의 군인이라는 특수성으로 인해 이들은 난동 등 불행한 사태에 대비하기 위해 민간인과는 별도로 별관 15~23호실에 분리하여 수용되었으며, 다른 한편으로는 일종의 안보교육에 투입되기도 했다. 이들의 성격은 베트남전쟁에서 남베트남의 적극적인 구조요청에 의해서 실시된 LST난민과는 다소 다른 성격을 나타냈다. 즉 쌍용호 난민은 한국에 아무런 연고가 없었고, 또 한국에 정착시키기로 한 범주에도 들지 않았기 때문에 제3국에 재정착할 때까지 임시로 부산에 체류해야만 했다.

정부는 1975년 베트남 난민을 구호하기 위해 '베트남 귀환 교포 및 난민구호 계획'을 세웠다. 난민의 구호는 보건사회부 지휘로 부산시가 책임지며 대한적십자사가 대행하는 형태였고 부산시는 난민의 입출국, 난민보호 그리고 시설유지관리 업무에 집중했으며 대한적십자사 부산지사는 시설 내에서 난민의 의식주를 비롯해 생활관련 일체의 구호행위를 담당했다. 구호행위로서는 먼저 입국 후 15일간의 구호기간 중에 연고자가 있는 자는 여비를 지급하여 귀향시켰고, 귀향자 중 생계유지가 곤란한 자에 대하여는 3개월간 생계비를 지급했다. 문제는 연고자가 없는 경우인데 이들에 대해서는 제2단계 구호조치로서 1개월간 수용구호를 연장했으며, 제2단계 구호조치 후 장기구호가 필요한 자에 대하여는 심사를 거쳐 취업알선, 주택건립, 생계지원 등을 강구했다. 수용난민들은 점차적으로 국내외의 연고지와 연고자를 찾아 미국 등 8개국으로 907명이 이주해 갔고 532명(기업체 취업 25명 포함)이 국내 각지로 흩어졌다. 구 부산여고 교사가 헐리고 나서 1975년 9월 24일 외국인수용소(부산시 서구 괴정동 소재)로 자리를 옮겨야 했던 이는 118명(44

가구, 남55, 여63)이었다.

　한편 1977년에는 남베트남의 패망 직후 발생했던 보트피플과는 달리, 심각한 베트남의 경제적·사회적 어려움을 견디지 못해 다른 국가로 떠나는 보트피플이 폭발적으로 증가했다. 부산항으로 들어온 이들은 역시 부산 베트남난민보호소에서 임시적으로 생활을 하다가 1982년 말까지는 대부분 제3국으로 떠나 재정착을 했다. 물론 이 시기는 초창기와는 달리 유엔난민기구의 경제적 지원, 미국을 비롯한 베트남전쟁 참전국들의 인도주의적인 노력과 이민 수용 등의 적극적인 국제 사회의 노력이 있었기 때문에 가능했다고 볼 수 있다.

　마지막으로 1983년 이후부터 부산에 들어온 보트피플의 특징은 남중국해 베트남연안이 아니라 남중국해 대만 북서쪽 해상에서 소형보트를 타고 표류하면서 나타났다는 것이다. 이 시기 난민들은 이전과는 달리 부산에 체제하는 기간이 다소 길었으며 재정착국의 수도 베트남전쟁 참가국인 미국을 비롯해서 호주, 캐나다, 노르웨이, 그리스, 일본 등 증가추세를 나타냈다. 그리고 이 시기에는 주로 서해 영해를 침입해서 불법 상륙한 이들이 다수를 차지했고 기항지도 이제까지 등장하지 않았던 평택, 군산, 목포 등의 항구도시에서 나타나는 특징이 있었다.

구 부산여고 임시수용소에서의 이문화 접촉

LST난민들은 1975년 5월 14일 구 부산여고에 마련된 임시수용소에서 첫날을 맞이했다. 중앙일보(1975.05.14.)에 의하면, 이들은 이날 소지품 신고, 국적 및 연고자 조사, 통관 절차 등을 밟으며 수용소에서 새로운 생활을 시작했다고 한다. 아침 6시 30분 수용소 안마당에 마련된 마이크에서 새마을 노래가 울려 퍼지자 깊은 잠에 빠졌던 난민들은 일제히 일어나 방마다 1명씩 배치된 적십자 안내원들의 지시에 따라 침구를 개고 청소를 하는 등 아침부터 일손이 바빠졌다. 50여 명의 꼬마들은 운동장으로 뛰어 나와 장난을 치고 뛰놀았으며 일부 난민은 일어나자마자 월남 쪽을 향해 합장 기도를 드리는 모습도 보였고 늙은 부모들의 손을 잡은 젊은이들이 운동장을 돌며 산책하는 모습도 눈에 띄었다. 구 부산여고 안에는 구호소와 목욕탕, 이발소, 의무실을 따로 설치해 적십자사 봉사대원이 주야로 교대 근무하면서 난민들을 돌보았고 이들이 갈아입을 2만여 점의 의류가 확보되었으며 음식은 한식과 월남식을 제공하기로 했다.

그러던 중 5월 23일에 부산항에 들어온 쌍용호 보트피플이 구 부산여고에 마련된 임시수용소에 합류하면서 난민 수가 증가했고 이들의 제3국 재정착을 위해서 정부 측에서 여러모로 방법과 절차를 모색했다. 구 부산여고 임시수용소에서 생활했던 난민들은 한국음식 중에 잡채를 좋아했고 혼합곡밥 등은 입에 맞지 않는다고 몰래 버리기도 했으며 또 보호소 보초원들에게 돈을 넉넉히 주어 통닭구이 등을 시켜서 먹는 사람들도 있었다고 한다. 그러나 대부분은 돈이 부족해서 근검절약을 했고 담배도 대부분이 은하수나 한산도보다 값이 싼 40원짜리 새마을 담배를 주위 구멍가게에서 사서 피웠다. 한번은 임시수용소의 한국 보초원들이 비가 오는데도 불구하고 보초를 서 있는 모습을 보고, "베트남 사람들은 전쟁을 하다가도 비가 오면 다 쉬는데 왜 한국인들은 비가 오는데 일을 하는지"에 대한 질문을 던진 에피소드를 보면 이문화에 대한 특징을 엿볼 수도 있다. 이처럼 초기에는 이문화에 대한 문화충격이 컸다는 것도 짐작할 수 있으나 점점 이국 생활에 익숙해 가는 모습들도 보였다. 임시수용소에서는 한국정착 희망, 제3국으로의 재정착 등의 분류에 따라 각자 떠나고, 임시수용소에 남아 있었던 무연고 월남인 29가구 90명이 한국에서 처음으로 추석을 맞았다. 이들은 난민구호 본부의 주선으로 1975년 9월 20일과 21일 각각 한국가정으로 초청돼 이국에서 추석을 보내면서 한국인들과의 교류에 의해 서로의 다른 문화나 관습을 접해 보기도 했다.

부산 베트남난민보호소

부산으로 들어오는 난민 수가 증가함에 따라 정부와 대한적십자사는 1977년 9월 부산시 해운대구 재송동 1008에 1983m^2 규모의 베트남난민보호소를 신축했다. 따라서 1977년 이후부터 해상에서 구조된 베트남 난민은 신축된 이 난민보호소에 수용되었다.

1977년 정부와 부산적십자사에서 유엔의 지원을 약속받고
해운대구 재송동에 세운 베트남난민보호소(한국일보, 「85년
망망대해에서 베트남 보트피플 96명 구해 제3국으로」, 2006.8.30.)

베트남난민보호소(KBS스페셜, 〈보트피플(베트남 난민)–전제용
선장과 96人의 난민들〉, 2015.4.20.)

부산 수영만이 내려다보이는 6백여 평의 부지에 조립식 건물 12동, 식당, 세면장 등 편의시설을 갖춘 베트남난민보호소는 담장으로 둘러쳐져 있었다. 이들의 하루일과는 아침식사가 끝난 뒤 학습시간과 자유시간을 갖고 오후에는 5시까지 학습시간을 갖는다. 학습내용은 주로 제3국 이주에 대비한 영어회화이고 자유시간에는 배구 · 탁구 등의 운동과 장기 등으로 소일하며 제한된 자유를 누렸다.

오전 학습시간에 들어가기 전, 이들은 보호소 앞뜰에 모여 수용소 생활의 어려움을 서로 격려하기도 했고 또 자치회를 구성해 자체적으로 일과표를 만들어 규칙적인 생활을 하기도 했다. 이들에게 지급된 하루 급식비

부산 수영구 재송동 '월남난민수용소'에 입주한 베트남 어린이들이 명랑하게 뛰놀고 있다.(부산일보,「카불 엑소더스, 부산과 난민의 추억」, 2021.8.26.)

는 1천2백 원이었고 이들은 카레라이스, 수프, 빵 등을 식성에 맞게 먹을 수 있었으며 우리나라 중류가정의 식생활을 하고 있었다. 그리고 "베트남 분들이 한국 라면을 정말 좋아하셔서 아침 식사로 라면을 요청하기도 했다."라는 1993년 난민보호소 구호 담당 조호규 씨의 회고(부산일보, 2021.8.26.)는 이들의 식문화 교류의 일면을 보여주기도 한다. 또한 이들은 특별히 하는 일이 없는 단조로운 생활 속에서 기독교와 가톨릭으로 개종한 경우가 많았고, 시간이 나면 간이교회와 성당에 모여 기도하면서 쉽게 이민 가지 못하

는 안타까움을 달래기도 했다.

보호소 측은 매주 화요일 오후 1시부터 4시까지 15명에게 외출을 허용했고, 순번에 따라 대부분의 성인들은 1km 남짓 떨어진 민락동 팔도시장에 구경을 나갔지만 가진 돈이 없어 한두 시간 만에

부산 베트남난민보호소에서 월남 패망 6주년 추념식을 갖고 있는 베트남인들(부산일보, 「카불 엑소더스, 부산과 난민의 추억」, 2021.8.26.)

되돌아오곤 했다. 부산신문 이병철 논설위원에 의하면, 자신이 수영구에서 초등학교에 다니던 시절, 수영 팔도시장 일대로 쇼핑 나온 베트남 난민들과 맞닥뜨리는 것 자체가 문화충격이기도 했다고 기술했다. 당시는 특히 난민수용에 대한 부정적인 생각이 많이 잔재해 있었고 아마도 난민들과 한국인들 모두가 이 문화의 첫 접촉에 충격을 받았을 것이다. 베트남전쟁 후 부산 베트남난민보호소에 수용된 보트피플은 1,962명이었고 이중 1,310명은 미국 등 제3국으로 영구거주지를 찾아 출국했으며 509명은 우리나라에 정착했다. 그리고 1980년 이 시점에서 마지막까지 남아 있었던 사람은 약 143명이었다.

난민과 한국

  1992년 대한민국 정부는 통일된 베트남 정부와 공식적으로 수교하면서 난민문제를 논의하기 시작했다. 하지만 난민처리에 대한 문제는 쉽게 합의되지 못했고 당시 미국인 사업가인 존 매너 부부의 노력으로 뉴질랜드 정부는 보호소에 잔류한 난민 150여 명의 이민을 수락하였다. 1993년 2월에 뉴질랜드로 이민이 결정된 부산 베트남난민보호소의 난민들은 그해 계유년의 설이 한국에서 맞는 마지막 명절이었기 때문에 지금까지와는 달리 유난히 다른 감회였다고 한다. 난민보호소는 1993년 2월 5일과 8일 난민 150여

개소 16년 만에 문을 닫게 된 부산시 해운대구 재송동 베트남난민보호소에서 태극기와 적십자기를 내리고 있다.(부산 연합뉴스, 「부산 난민보호소 아시나요… 베트남 보트피플 임시 체류」, 2018.7.08.)

2부 바다에서 생존을 구한 자들

명이 뉴질랜드로 이민을 떠나는 것으로 결정짓고 1993년 1월 29일 난민 환송식과 현판 하강식을 끝으로 문을 닫았다.

이상으로 베트남전쟁 후 발생한 보트피플이 부산항에 도착해서 어떤 생활을 했는지 등에 대해서 고찰을 했지만, 이 난민문제는 과거의 문제만은 아니다. 2021년 8월만 하더라도 이슬람 무장 단체인 탈레반이 아프가니스탄 수도 카불을 장악한 이후 상당수 아프간 주민들이 탈출을 위해 도피 행렬에 오르는 등 난민이 대거 발생했다. 한국정부는 이를 완전 무시할 수는 없는 입장에서 아프가니스탄에 파병됐던 한국군을 도왔던 인력과 아프간 재건 임무에 참여한 의료인력, 기술자들의 통역을 담당했던 인력의 공로를 인정한다는 차원에서 아프가니스탄 인력 391명을 난민이 아닌 특별공로자라는 명분으로 수용했다. 한국은 1992년 유엔난민협약에 가입했고 이후 1994년부터 난민신청자를 받기 시작하였을 정도로 아주 늦게 난민에 대한 관심을 표명했다. 따라서 난민 인정자가 최초로 배출된 시기는 2001년이었고 2013년 아시아 국가 최초로 독립된 난민법을 시행하는 등 난민 심사를 위한 제도적 절차를 갖추기도 했다. 하지만 우리나라에서 난민으로 인정받기는 상당히 어려웠다. 본문사례로서 든 경우만 보더라도 난민문제의 초기 양상으로 우선 항해 중 보트피플을 발견했을 때 기항지 및 본국으로의 수용 등에 따르는 문제점이 있었다는 것을 알 수 있었다. 또한 전제용 선장이 인도적인 책임을 다했음에도 불구하고 바로 하역조치를 당하는 경우도 문제가 된다. 따라서 현장 책임자가 외면하지 않고 법적 및 인도적인 차원에서 본분을 다할 수 있도록 국내적으로 어떤 제도적인 체제가 구비되어야 한다고 생각한다. 이 난민문제에 대한 해결방안은 향후 논의하기로 하고 최소한 정부는 물론이고 시민들도 보트피플이 다른 나라의 일이라고 안일하게 생각하기보다는 한 번 더 진지하게 고민을 해볼 필요성이 있다고 생각된다. (공미희)

제주 바다를 건넌 난민들

바다 건너 제주를 찾아온 신화 속 인물들

바닷길, 조류와 바람의 흐름

인간의 동력으로 바람을 거스르기 전까지, 바닷길은 바람의 흐름에 따라 열리고 닫혔다. 제주를 둘러싼 바닷길 역시 바람의 흐름, 조류의 흐름이 결정하였다. 제주도는 해류와 바람 등을 고려하면 다양한 지역과 교류하는 것이 비교적 쉽다. 제주 바다의 주된 조류와 바람은 쿠로시오 해류와 편서풍이다. 필리핀 북부 해역에서 발생하여 동북상하는 쿠로시오 해류와 봄여름에 걸쳐 부는 남풍 계열의 계절풍을 활용하면 동남아시아, 오키나와, 중국의 절강성 이남 등에서 출항하여 제주도나 한반도 남부까지 항해가 가능하다. 이들의 영향으로 제주는 고립된 섬이 아니라 바다를 건너며 생활하는 해양문명의 거점이 될 수 있었다.

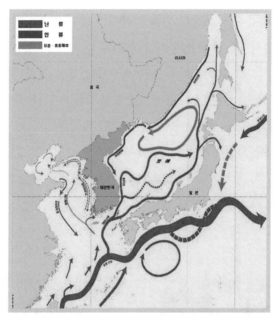

쿠로시오 해류

제주에서는 신화를 '본풀이'라고 한다. 근본을 풀이한다는 의미이다. 땅에서 솟아난 신화 속의 사냥신 '소로소천국'은 강남천자국에서 바다를 건너온 '금백조(백주또)'와 연을 맺어 살림을 차렸고 그 아들딸들이 제주 마을의 당신으로 좌정한다. 마찬가지로 땅에서 솟아난 고·양·부 삼성의 시조도 벽랑국에서 바다를 건너온 공주들과 혼인하여 삶의 터전을 꾸린다. 제주의 창조신으로 알려진 '설문대할망'은 육지와 연결하는 다리를 만들어달라는 사람들의 부탁에 그 값으로 명주옷을 요구하고, 천이 모자라 명주옷을 완성하지 못하게 되자 다리 만드는 일을 중단한다. 육지와 연결하는 다리는 바닷길을 의미한다고 해석할 수 있다. 바닷길을 열고 닫는 일, 바람과 바다의 흐름을 읽어내는 일은 설문대할망으로 표상된 제주 사람들의 전문 항해술이었다.

세계무형문화유산으로 지정된 제주시 건입동 칠머리당의 영등굿은 음력 2월 초하룻날 '영등신맞이'와 2월 14일의 '영등송별제'로 이루어져 있다. 영등신은 봄을 알리는 바람신이며 봄이 오기 전 마지막 겨울 바람이기도 하다. 바다 건너 강남천자국에서 오는 바람이기에, 다른 당굿들과 달리 바다의 요왕(용왕)길을 치워 닦는 '요왕맞이'가 포함된다. '요왕맞이'는 바다의 밭을 가는 것이고 바다에 씨를 뿌리는 것이다. 강남천자국은 중국의 강남 지방을 말한

건입동 본향 칠머리당 영등굿(사진: 김일영)

다. 중국의 강남에서 바다를 건너 제주로 온 바람, 그중에서도 일 년 중 가장 드센 바람이 지나가고서야 봄이 온다는 제주의 바람 이야기가 영등굿에 담겨 있다.

바다를 건너와 본향당 신의 시조가 된 백주또할망

제주에는 마을마다 신을 모신 신의 집, 본향당이 있다. 마을 사람들이 당에 모여 제를 지내는 당굿은 사람들이 신을 불러 함께 놀며 신 앞에서 서로의 원한을 풀고 평화를 기리는 의례이다. 그런데 사실 당에 모셔진 신들은 마을에서 태어나고 자라서 죽은 이들이 아니고 바다를 건너 외지에서 들어온 누군가와 그 자손인 경우가 허다하다.

제주의 대표적 본향당인 송당리 본향당의 주신인 백주또할망은 강남천자국에서 바다를 건너왔다. '또'는 제주어로 신을 의미한다. 강남천자국 백모래밭에서 태어난 금백조는 처녀의 몸으로 아들 일곱을 낳은 죄로 오곡 종자, 송아지, 망아지, 그리고 일곱 아들과 함께 무쇠석함에 담겨져 바다로 던져졌다. 탐라국 성산포 온평리 바닷가로 흘러온 금백조는 송당리 땅에서 솟아난 소로소천국과 혼인하여 아들딸들을 낳았고, 이 자손들이 제주 지역 마을들의 당신으로 자리잡게 된다.

백주또는 농경의 신이었고, 소로소천국은 사냥의 신이었는데, 백주또가 소로소천국에게 자녀들이 태어났고 한 집안의 가장이 되었으니 농사를 해서 집안을 일으키자고 하였으나, 농사에 게으른 소로소천국이 소를 잡아먹기에 이르자 소도둑놈 같은 놈과 함

께 살 수 없다 하여 살림을 갈라서 이혼하게 된다. 이때 막내아들
을 임신하고 있던 백주또가 낳은 아들 문곡성(궤네깃또)은 아버지
없는 호로자식이라는 놀림을 받는다. 자신에게는 왜 아버지가 없
느냐는 문곡성을 백주또는 아버지 집에 보내는데, 아버지인 소로
소천국은 수염을 잡아당기며 노는 아들을 버릇없다 하여 무쇠석
함에 담아 바다에 던져버린다.

송당리 백주또할망당으로 들어가는 길(사진: 김일영)

무쇠석함을 타고 요왕국(바다의 용왕국)에 표류한 문곡성은 용왕
의 막내딸과 결혼을 하지만 대식가인 문곡성의 배를 채울 길 없는
용왕은 문곡성 부부를 버리고, 문곡성은 강남천자국에 다다른다.
변란을 평정하지 못하던 천자를 도와 백 일 만에 난을 평정하자,
천자는 천하의 반을 주고서라도 자신의 곁에 두고자 하나, 문곡성
은 천자의 호의를 거절하고 탐라로 귀향한다. 강남천자국에서 난
을 평정하고 공을 세운 문곡성이 돌아온다는 소리에 소로소천국

은 지레 겁을 먹고 아랫마을로 달아나다 넘어져 죽어 알손당(아랫 송당 마을)의 당신이 되고 백주또는 윗마을로 달아나다 넘어져 죽어 웃손당(윗 송당 마을)의 당신이 된다.

백주또와 궤네깃또는 바다를 건너온 사람들과 바다를 건너갔다가 다시 바다를 건너온 사람들이다. 백주또는 강남천자국에서 아버지가 바다로 버렸던 난민이고, 궤네깃또 역시 탐라국에서 아버지 소로소천국이 바다로 버렸던 난민이다. 난민 백주또는 바다 건너 탐라국에서 당신의 시조가 되었고, 난민 궤네깃또는 바다를 떠돌며 공을 세워 탐라국으로 돌아와 당신이 된다. 이렇게 제주의 본풀이는 바다에 버려졌던 난민이 바다를 건너 신화의 주인공이 된 이야기들을 담고 있다. 인간의 동력으로 바다의 흐름과 바람의 흐름을 거스를 수 없는 시대에 그 흐름을 알고 바다를 건너 오갈 수 있다는 것은 하나의 신적 능력이었다.

바다를 건너와 성씨의 시조모가 된 벽랑국 공주들

제주의 삼성혈 설화에 따르면, 땅에서 솟아난 고을나, 양을나, 부을나 삼성이 벽랑국 공주들과 혼인하여 세대를 이어갔다고 한다. 벽랑국 공주들은 오곡 종자와 송아지, 망아지와 함께 탐라로 들어왔다. 벽랑국은 강진, 완도, 해남 일대에 자리했을 것으로 추정되는 마한 시대의 소국이다.

탐라국과 벽랑국 사이의 BC 1세기~AD 1세기 무렵 교류에 대해서는 고고학적 유물도 발견된 바 있다. 고고학계의 조사에 의하면, 제주도 제주시 애월읍 곽지리식 토기의 원형은 전남 해남군 군곡리에서 발굴된 점토띠토기가 BC 1세기경 제주도에 유입된 것이 구좌읍 종달리, 김녕리 궤네기굴 유적에서 확인되고, 곽지리식으로 독자적 발전을 하게 된 것이라고 한다. 게다가 이 곽지리식 토기는 다시 해남지역으로 유입되어 해남의 군곡리 출토의 적갈색 토기와 공반 출토되었다고 한다.

벽랑국 공주들은 벽랑국에서 탐라의 성산포 온평리 바닷가로 표착한 난민이었거나 결혼으로 이주했을 이주민이다. 벽랑국 마한 통합 과정에서 나라를 잃고 탐라로 들어갔을 가능성과 그 이전에 탐라국과 벽랑국의 바다 건너 이루어진 교류로 인해 결혼 이주했을 가능성 모두를 추정해볼 수 있다. 벽랑국 공주들과 금백조가 탐라에 들어온 경로는 출발지가 서로 다르지만 온평리 바닷가로 오곡 종자, 송아지, 망아지와 함께 들어왔다는 점에서 신기하게도

제주시청의 벽화

일치한다. 이는 농경문화의 유입을 의미하며 농경의 신이 여신이라는 점도 세계 여러 지역의 신화들과 같다. 온평리 바닷가는 아마도 쿠로시오 해류를 타고 가장 자연스럽게 탐라국으로 드나들 수 있던 지역이었을 것이다.

땅을 떠나 바다를 유랑하는 난민, 제주도 출륙 포작인

삼별초 전쟁난민의 피난처

고려 조정은 30년이나 지속되었던 몽골과의 전쟁 끝에 결국 몽골의 요구사항을 완화시키며 강화를 체결한다. 하지만 이에 불복한 삼별초는 몽골과의 전쟁을 이어나갔고, 여몽연합군은 삼별초를 억제하기 위해 전력을 다하게 된다. 고려 수군은 송을 비롯한 동남아시아, 중동아시아와의 진헌무역에서 해상교통로를 장악하고 있을 정도로 바다를 읽고 활용하는 능력이 우수했었지만 삼별초의 수군력 역시 고려 정예 수군에 버금갈 정도였다. 삼별초는 여몽연합군에 쫓겨 여러 섬을 이동하는 과정에서 지속적으로 서해안을 약탈하였고, 고려 관군은 이에 대응하지 못했었다. 삼별초는 강화도에서 후퇴하면서 두 번째 항전기지로 진도를 택하였는데, 진도는 땅이 기름지고 농수산물이 풍부하여 삼별초 및 그들을 동조하는 세력이 자급자족 가능한 여건이 조성되어 있는 곳이었다.

진도 정부를 끝으로 전쟁난민의 지위로 격하된 삼별초와 그들에게 귀속된 가솔들은 연안 바다를 넘어 제주로 향하게 된다. 제주도는 진도와 해상으로 108km 떨어져 있어 진도의 배후 거점 해도로 적합하고, 고려정부의 세력권에서 멀리 떨어져 있어 독자적 세력기반을 구축하는 데 용이하며, 본토에서 멀리 떨어져 있어 여몽연합군이 제주도를 정벌하는 데 필요한 수군과 군함 등의 제반 여건을 갖추는 데 물자와 시간적 여유를 가질 수 있는 곳이었다. 게다가 제주도는 본토의 남해와 서해 일대의 해상제해권과 일본의 규슈와 오키나와 등과 교류가 가능하고, 우리나라에서 가장 큰 섬으로 입보민의 생계가 가능하다는 이점이 있었다. 한마디로 제주도는 전쟁난민 삼별초에게 피난처가 되어줄 수 있는 곳이었다.

삼별초는 1273년에 공식적으로 제주도에서 소멸된 것으로 알려졌지만, 이후에도 회유하는 포고문이 내려졌던 것으로 볼 때, 여몽연합군이 삼별초를 완벽하게 제압하였던 것은 아니었다. 후쿠오카 하카다만에서 확인되는 원구방루(元寇防累, 원의 침입을 막기 위한 성곽) 유적과 류큐(오키나와)에서 발견된 명문와(銘文瓦, 글을 새겨 넣은 기와)의 출토로 미루어볼 때 전쟁난민 삼별초가 해양문화에 대륙문화를 전달했던 것으로 짐작해볼 수 있다. '류큐의 갑작스런 선진문화 출현'이라고 표현하는 일본학계에서도 고려와 류큐 간의 공식적인 교류 기록이 없음에도 고려인의 류큐 이주를 정설화한다는 점에서 전쟁난민인 고려 삼별초군의 해상 이동을 짐작하게 한다.

고려 말 조선 초 제주 사회의 변화

삼별초 소멸 뒤 몽골 세력이 제주를 지배하면서부터 제주의 경제구조가 크게 변화한다. 해산물 채취와 해산물 교역 중심에서 목마와 말 교역 중심으로 바뀐 것이다. 원은 제주를 직할령으로 삼은 지 3년 뒤인 충렬왕 2년(1276년)에 처음으로 160필의 말을 제주에 가져와 놓아기르기 시작했다. 제주도가 목마의 적지임이 입증되자 충렬왕 26년(1300년) 원의 황태후가 사망한 후 황태후의 구마(廏馬)를 제주도에 방목하면서 규모를 확대하여 결국 원의 14개 국립목장 중 하나로 성장하게 된다. 제주의 행정단위가 제주목을 중심으로 동서방향의 15개 현으로 분화, 확대 개편되었고, 인구 역시 꾸준히 증가하여 공민왕 23년(1374년)경에는 100년 전과 비교하여 최소 3배 이상 늘어났다.

조선왕조의 물적 토대는 토지와 농민이었다. 토지제도의 근간을 이룬 것이 고려 말에 마련된 과전법인데, 논밭에 세금을 부과하기 위해서는 측량인 양전(量田, 밭에 세금을 부과하기 위한 측량)이 필수적이다. 그런데 제주에서의 양전은 쉽지 않았다. 제주에서 경제의 중심이 농경이 아니라고 지속적으로 주장했기 때문이다. 중앙정부에서는 세종 1년인 1419년 9월 6일 양전을 감행한 후 전조를 부과하기 시작했으나 제대로 이루어지지 않자, 육지에 비해 조세를 반감해주고 또 반감해주는 특별배려를 베풀기도 하지만 결국 성종 24년(1493년)에 양전 포기 조치가 내려진다.

중앙정부는 제주 지역 경제 장악을 위한 전략을 수정하여 과전 대신 공납과 진상을 택하게 된다. 말, 해산물, 귤, 약재류를 바치도록 한 것이다. 고려시대 제주 경제의 중심이었던 말 교역이 금지되고, 제주의 말은 공납용인 국가 통제 대상으로 삼아 관리되기 시작했다. 말을 키우고 바다를 건너가 말을 팔아 경제 생활을 영위했던 제주 지역의 입장에서 이러한 조치는 생존을 위협하는 문제로 다가왔다. 말 사교역의 통제와 말에 대한 국가 관리권 강화는 제주의 말산업을 경직화시키고 제주 경제를 병들게 하였다.

이후 중앙정부 감독이 부실할 수밖에 없는 제주의 지방관이 공물 진상과 노역 징발을 과다하게 책정 수취하게 되면서, 제주를 떠나는 유민이 발생하게 되었다. 예컨대 거주 미상의 행방불명자로 살아가는 상황이 발생한 것이다. 성종실록에도 제주인들이 역을 피하여 하삼도(下三道)의 연해(沿海) 여러 고을에 와서 우거(寓居)하고 있는 상황이 기록되어 있다.

유민 발생의 가장 중요한 원인은 말 사교역 금지로 인한 제주 경제의 기반 붕괴였다. 지방의 경제를 완벽하게 장악하지 못했던 건국 초에는 제주인이 육지에 나와서 개인 소유의 말을 팔 수 있도록 허가하는 임시 조치들이 취해지기도 했으나, 세종 대에 이르러 말 자유 교역 금지기 본격화되기 시작하였다. 설상가상 제주 지역에 과전법이 시행된 것도 세종 대였다. 과전법 시행과 말 교역 금지는 제주 경제의 기반을 무너뜨리는 조치였다. 살아 있는 말을 팔지 못하게 하자 도살 후 가공품을 밀교역하는 일이 발생하였다. 생존의 위협에서 벗어나고자 밀도살과 밀교역을 행할 경우 도적으로 간주되어 강제 이주 조치가 시행되었다. 실제로 관련자 650~800명이 평안도로 강제 이주당하기도 하였다.

해상 교역과 제주도 포작인

제주도는 섬이어서 사면이 바다로 둘러싸여 있으므로 해산물이 상대적으로 풍부하였다. 중산간 지역의 목초지대는 우마 등을 사육하기에 적합하여 목축업이 발달하였다. 자연스럽게 해상 교역을 위해 항해술은 물론 조선업을 포함하는 해상 능력이 발전하게 된다.

원 간섭기 이전에도 1258년에 말을 고려 정부에 바친 사실이 있으며, 1058년에 큰 배를 바친 일도 기록되어 있다. 원 간섭기인 1268년에는 일본 정벌을 위한 전함 1백 척 혹은 그 이상을 건조할 책임이 탐라에 부과되기도 하였다. 이는 원양 항해가 가능한 큰 배를 건조할 수 있는 선박 건조 기술이 11세기에 이미 확보되어 있었고 13세기에는 1백 척 이상의 전함을 건조할 수준이었음을 의미한다.

14세기에 탐라 말이 매년 끊임없이 원나라로 보내진 사실이 확인되는데, 그렇다면 누가 어떤 경로로 그 말들을 원나라로 싣고 갔을까? 1372년의 '김갑우 사건'으로 짐작할 수 있는 경로는 제주도에서 직접 중국 강남으로 보내는 해상운송이다. 김갑우 사건은 제주마 50필을 명나라 조정에 바치는 헌마사의 임무를 부여받은 김갑우가 말 한 필을 개인적으로 매매하여 양국 조정 간 큰 문제를 일으켰던 사건이다. 이 사건을 조사하는 과정에서 김갑우가 명월포에서 말 50필을 싣고 중국 강남의 명주로 운송한 경로가 드러난다. 구체적인 항로는 알 수 없지만, 탐라의 명월포에서 강남 명주(닝보)를 직선으로 그어보면 그 중간지점에 이어도가 있다. 제주 사람들에게 이어도는 한번 가면 돌아오지 않는 낙원으로 노래되는데, 실상은 돌아오지 않는 것이 아니라 돌아올 수 없는 것으로 배가 난파된 것을 의미한다. 중국으로 가는 직항로가 이어도 근처를 지났을 것으로 추정된다.

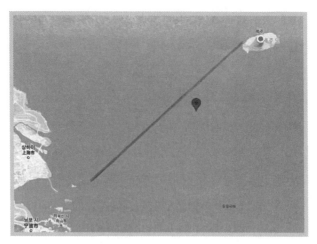
명월포와 명주 사이의 이어도

김갑우는 8월 24일에 말 50필을 배에 싣고 제주 명월포를 출항하여 9월 10일에 명의 명주부 정해현에 도착하였다. 명주는 원나라 최대 무역항 중 하나로 강남에 위치해 있는데 상하이 아래쪽에 있는 지금의 닝보이다. 김갑우 사건은 원이 망한 이후 일어난 일이지만, 그 이전부터 있었던 직항로를 김갑우가 이용한 것으로 보아야 한다. 이 직항로를 이용하여 제주와 중국을 오간 탐라 사람들이 조선 전기 제주도 포작인의 기원이며 선조이다.

조선의 해금 정책과 해상 유민의 발생

고려시대까지 동아시아에서는 해로를 통한 교류와 교역이 활발하게 전개되었다. 송대에는 송나라 상인들이 고려로 배를 타고 왔고, 고려 상인들도 송나라로 배를 타고 가서 무역 등에 종사하였

바다를 건넌 사람들

다. 원 간섭기에도 해로를 통한 교역과 교류가 활발하게 전개되었다. 외국으로 향하는 바다가 열려 있던 시대였다. 이렇게 원대까지는 해외 교류에 대해서 비교적 개방적이었고, 국가가 바다를 통한 교역을 금하지 않고 오히려 적극 후원하여 국가 재정 확충에 활용하기도 하였다.

그런데 원을 북방으로 몰아내고 건국한 명나라는 해금 정책을 실시하였다. 1371년 해금령으로 관민을 가리지 않고 바다로 나가는 것을 금지하였는데, 조선도 명의 영향을 받으면서 해금 정책을 실시하다. 1422년 조선은 해양으로 나가는 배를 7~8척 단위로 함께 움직이도록 하여 개별 행동을 금지하였으며, 1426년부터는 바다로 나가는 행위를 처벌하는 규정까지 만들었다. 바다로 나간 자는 사사로이 국경에서 무역한 자와 마찬가지로 곤장 1백에 처하였다. 바다를 통한 교역이 불법이 된 것이다.

동아시아의 바다가 열려 있던 시대에서 닫힌 시대로의 문명사적 전환은 제주도의 해상 세력에게는 심각한 문제가 아닐 수 없었다. 해금 정책은 그들의 존립 기반을 크게 흔들었다. 이제 더 이상 국제 무역선을 운항할 수 없게 된 것이다. 남은 것은 본토와의 교역뿐이었다. 과거 번성했던 경제의 여택이 남아 있어서 처음에는 간헐적으로 본토를 오가며 해산물을 팔았으나, 15세기 중엽이 되면서 한두 척의 포작선이 제주를 떠나 바다 건너 본토의 남해안에 머물며 해산물을 채취하여 판매하기 시작했다. 해산물 작업을 하는 사람들이라는 의미에서 이들을 포작인이라고 불렀다. 성종실록에는 1467년부터 포작인에 대한 기록이 나타나는데, 1477년 기록에 의하면 당시 처자를 거느리고 포작선을 타고 남해 연안에 정박하는 자가 수천여 명이었다고 한다.

농사가 아닌 해산물 채취와 해상 교역으로 생활하던 사람들이 해금 정책으로 인한 경제적 위기로 조세, 공납, 진상이 부담되는 상황에서 택할 수 있는 길은 떠나는 것이었다. 호적에 편재되어 백성으로서 산다는 것이 평화가 아니라 고통으로 다가왔을 때, 호적 편재에서 벗어날 수 있는 길은 스스로 난민이 되는 것밖에 없었을 것이다. 제주도를 떠난 출륙 포작인은 그렇게 조선이라는 국가 내부에서 난민으로 살아가게 되었다.

제주도 출륙 포작인, 국가 경계 내부의 난민

1477년 조선의 국왕 성종은 직접 출륙 포작인에 대하여 설명하며 경상 관찰사 등에게 포작인 대책을 지시한다. 성종이 누군가에게서 들었고 그 내용을 직접 말한 것이 최초의 기록인 것이다. 포작인은 연안에 의지해서 오두막을 짓고, 의복은 왜인과 같고, 언어는 왜어도 한어도 아니고, 선체는 왜선보다 더 견실하며 빠르고, 고기 낚고 미역 따는 것으로 업을 삼고, 군현에서는 그들에게 역을 부과하지 못하고, 근처에 사는 사람들은 그들을 우리나라 사람을 약탈하는 자라고 생각한다는 것이었다.

포작인은 유랑민으로 볼 수 있기 때문에 그 대책은 마땅히 쇄환(刷還, 유랑 동포의 송환)이어야 했다. 고향으로 돌려보내야 하는데, 급히 쇄출(刷出, 섬에 숨은 백성을 끌어내는 것)하려고 하면 모두 바다로 도망갈 수 있어서 추쇄(推刷, 부역 병역 기피자를 붙잡아 본고장으로 송환함)가 어렵다. 또 쇄출한다는 이야기가 돌면 포작인들이 변란을 일으킬지도 몰랐다. 그러한 이유로 성종은 쇄환에 유보적인 입장을 표명한다. 당시 조선의 해상 능력으로는 바다를 무대로 살아가는 포작인이 배를 타고 먼 바다로 떠나서 외딴 섬에라도 들어가면 현실적으로 그들을 추적하여 잡기가 쉽지 않았고 무엇보다 그렇게 외딴 섬으로 들어간 포작인이 해적이나 수적이 되어 연해민을 대상으로 노략질을 할 수도 있음을 우려한 것이다.

성종이 지시한 포작인 대책은, 포작인이 머무는 고을의 수령과 만호에게 유시하여 포작인을 불러 모아 안심시켜서 편안히 머물게 할 것, 그들이 배를 타고 출입하는 것을 엄하게 다스릴 것, 포작인이 놀라서 소란 피우지 않게 할 것 등이었다. 소란을 방지하기 위해 포작인을 잘 어루만져 회유하되, 그들이 바다로 나갈 때 출입을 확인하라는 것이 포작인 대책의 기본적인 틀이었다. 이후 대신들과의 논의를 거치며 대책이 구체화되었지만 쇄환 유보 정책은 유지되었고, 해당 지방관이 포작인을 잘 회유할 것 등이 강조되었다.

쇄환 유보는 결국 포작인들이 본토 연안에서 생활하면서 지내는 것을 허락한다는 것인데, 그 경우 해당 지역에서 일반 백성으로 편입시키

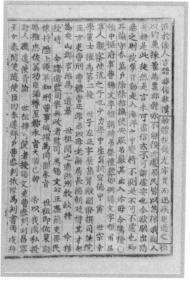

『성종실록』 83권(네모 상자의 내용은 포작선에 대한 설명)

2부 바다에서 생존을 구한 자들

는 조치가 뒤따라야 한다. 포작인들을 호적에 편입시키고 그들에게 군역이나 조세 등을 부과하는 제민화 정책이 시행되어야 한다는 의미다. 그런데 포작인에 대해서는 제민화 정책이 시행되지 않았다. 바다를 터전으로 살아서 오고 감이 일정하지 않으므로 육지의 일반 백성과는 달리 통제와 관리가 어려운 존재라는 이유에서였다. 당시 조선 정부의 해양 능력이 해양 이동성이 강한 포작인을 제민화하기에 사실상 역부족이었으므로 제민화 정책이 유보될 수밖에 없었던 것이다. 포작인들의 출륙을 막지 못한 제주목사에 대한 문책도 이루어지지 않았다.

포작인은 한라산 출신이라는 뜻으로 두모악이라고 불리기도 하였다. 포작인과 두모악으로 표현된 기록들을 살펴보면, 제주 출신 바다 유랑민들의 분포지역은 중국 요녕성의 해랑도, 황해도의 해주, 옹진, 대청도, 충청도의 가외덕도, 전라도, 경상도, 강원도 등지로 나타난다. 수효는 최소 1만 명 이상 많게는 4만 명으로, 폭을 줄여 2~3만 명 정도가 제주를 떠나 해양 유랑민으로 살았을 것으로 추정된다.

이들의 해양 능력을 군사적으로 활용하여 왜적에 대처하자는 방안이 모색되기도 하였다. 실제로 중종 대에 이들에 대한 쇄환 논의가 다시 불거졌을 때, 병부와 전라도 관찰사가 왜적에 맞서 배를 작동할 사람이 없어진다는 논리로 강력히 반대했었다. 구체적으로 임진왜란 때 국가와 국가 간의 충돌이 발생하자 비교적 국가의 통제로부터 자유롭게 생활하던 포작인들도 국가 무장력 중 일부로 편성되어 그 역할을 담당하게 되었다. 조선 수군에게 포작인들은 절대적으로 필요한 존재였다. 때로는 일본군의 일부로 살아

제주 유민의 분포지역(이영권, 2013: 156. 1,2,3은『조선왕조실록』,
①②③은 이순신 기록)

2부 바다에서 생존을 구한 자들

가기도 하였는데, 포작인의 해상 능력이 전쟁의 두 당사자 모두가 탐내는 재능이었기 때문이다. 임진왜란 초기부터 조선 수군의 일원으로 활동했던 제주 유민은 수로 안내인, 선박 조종인, 전투병, 정보 제공인, 밀사, 탈영병 등으로 『조선왕조실록』과 이순신 기록에 드러난다.

제주도를 떠난 출륙 포작인은 호적이 없는 국가 경계 내부의 난민과도 같은 존재였다. 고향인 제주에서는 행방불명으로 처리되었을 것이다. 그들이 우거하던 지역에서도 제민화되지 않았고 호적에 편재되지 않은 채 나라에서 정한 역을 부과받지도 않았다. 그럼에도 불구하고 어쩌면 그렇기 때문에 고을 수령들은 이들과 공생관계를 맺고 진상 물품 조달을 포작인들에게 의지할 수 있었다. 전쟁 시에는 수군이 포작인들과 포작인들의 배 포작선을 필요로 하였다. 그렇게 인조 7년(1629년)에 강력한 출륙 금지령이 내려질 때까지 제주도 출륙 포작인은 호적 편재에서 자유로운 상태에서 조선 국경 내부의 경계인으로 살았다.

바다 건너 제주 섬으로 들어온 예멘 난민

경계의 틈, 제주와 예멘 난민

제주도는 2002년 5월 사람, 상품, 자본의 자유로운 이동을 통해 개방화, 자유화를 지향하는 제주국제자유도시 정책에 따라 무사증 제도를 시행하고 있다. 2006년에 제주특별자치도법에 명문화된 제주도의 무사증 제도는 외국인이 비자 발급 없이 입국하여 30

일간 체류할 수 있는 제도이다. 육지부로 밀입국할 목적으로 비자 없이 입국이 가능한 제주도를 통해 들어오는 외국인들도 있었고, 30일 체류 기간을 경과하는 불법 체류 외국인 노동자들이 생겨나기도 했지만, 무사증 제도 시행 후 외국인 관광객들의 제주 방문은 지속적으로 증가하였다.

2018년 500여 명의 예멘 사람들이 말레이시아 출발 항공편을 이용하여 무사증 지역인 제주도로 한꺼번에 들어왔다. 미리 들어와 있던 사람들까지 합하면 600명 정도이고, 난민 신청이 목적이었다. 갑작스런 예멘 난민의 출현은 제주 지역은 물론 한국 전체에 큰 이슈가 되었다.

남예멘과 북예멘으로 분단되어 있었던 예멘은 냉전 시대의 종식과 함께 1990년 상호 합의 하에 통일을 이룬다. 하지만 통일 예멘의 정치 권력은 통합을 이루지 못하였다. 정권 투쟁의 대립을 정치적으로 해결하지 못하고 군사적 해결을 시도하게 된 것이다. 군사적 무력 투쟁이 발발하면서 내전 상황이 현재까지도 지속되고 있다. 2015년 3월에 본격화된 예멘 전쟁으로 10만 명이 넘는 민간인이 사망하였으며 아동 사망도 25% 정도에 달한다. 예멘 인구의 3분의 2가 생존을 위한 긴급 도움이 필요한 위기 상황이다. 생존을 위해 어디로든 떠나야 했던 예멘 전쟁의 피난민들은 육로로는 사우디아라비아로, 비행기나 배로는 수단과 지부티로 이동하였고, 항공편으로 말레이시아에 잠시 머물며 숨을 돌린 후 또 다른 곳으로 떠나야만 했다. 그리고 그중 600여 명이 바다 건너 제주로 들어온 것이다. 말레이시아는 난민의 입국이 자유로운 반면 생계를 위한 노동을 전혀 할 수 없도록 규제하고 있으며, 한국은 6개월이 지

제주 예멘 난민들의 이동 경로

나면 제한적이나마 노동을 할 수 있는 상태이다.

예멘 난민 제주도 출륙 금지령

대한민국은 1992년 난민의 지위에 관한 협약 및 의정서에 가입하였고, 1993년 12월 10일 출입국관리법을 개정하여 1994년 7월 1일부터 국내법상 난민을 수용하는 제도를 시행하고 있는 상태였다. 난민법안은 2011년 12월 29일에 국회 본회의를 통과하였고 2013년 7월부터 시행하게 된다. 난민법에 따라 난민을 수용하겠다고 협약한 국가이지만, 한국 정부는 제주로 들어와 난민 신청을 한 예멘 사람들이 제주도를 떠나지 못하도록 출도 제한 조치를 내렸다.

난민 심사 과정에서 난민으로 인정되거나 인도적 체류 허가를 받게 되면 출도 제한 조치가 해제되지만, 심사 기간은 생각만큼 짧지 않았다. 심사를 마친 이들은 취업이 용이한 육지부로 나갔으며,

2021년 6월 기준 제주도에서 생활하고 있는 예멘 난민들은 110여 명 정도이다. 예멘 난민에 대한 출도 제한 조치를 접한 제주도 사람들은 조선시대 출륙 금지령을 떠올리며 안타까워하기도 했다.

예멘 출신의 난민신청자들이 제주로 입국하였을 때, 발 빠르게 이들을 돕기 위해 나선 이들은 종교계와 시민단체들이었다. 2002년부터 제주외국인근로센터를 운영하던 장청(대한예수교장로회 청년연합회) 출신의 기독청년들은 2006년에 설립한 제주외국인평화공동체를 통해 2018년 6월에 제주난민지원센터를 개소하고 예멘 난민들을 위한 피난처를 운영하였다. 2004년도부터 가톨릭의사회, 가톨릭약사회의 봉사로 무료진료소를 운영하던 천주교 제주교구 이주사목센터는 나오미센터를 만들고 외국인을 위한 지원활동을 해오다가 예멘난민신청자들의 시급한 주거 문제를 해결하기 위하여 애를 썼고, 의류 지원을 주도하였다. 불교계에서도 제주불교 예멘난민 대책위원회를 구성하고 적극적인 지원에 나섰다. 의사소통의 문제를 해결하는 것이 급선무라고 판단한 시민단체 활동가 등 봉사 지원자들이 꾸린 한국어 교육 담당도 여섯 팀 정도 꾸려졌고 모두우리네트워크가 현재까지 활동을 지속하고 있다.

인도적 체류 허가를 받은 모하메드에 따르면, 집도 없고 아무 것도 없이 거의 파산상태였는데, "집도 내주시고 주방도 마음대로 쓸 수 있게 해주시고, 필요한 식료품이나 아이들 장난감에 이르기까지 필수품부터 시작해 다양한 모든 여러 가지 필요한 것들을 알아서 많이 제공해주시고, 정말 가족과 같은 관계를 유지하면서 지금도 계속 연락을 취하고 만나주는 한국 사람들이 정말 좋고 친절하다"고 한다. 언론 등에서 75만 명 정도의 한국 사람들이 난민 반대 청와대 국민 청원에 동의했다는 사실을 알게 되면서 우리를 보고 공포, 거부감을 보이는 사람들이 있구나 하고 생각하며 사실 굉장히 두려운 생각이 들었지만, 막상 슈퍼마켓이나 길에서 만나게 되는 대부분의 한국인들은 아주아주 친절했다고 한국인에 대한 인상을 밝히기도 하였다. 모하메드 부부는 말레이시아에서 태어난 아들과 제주에서 태어난 딸과 함께 제주도 서귀포시에서 생활하고 있다.

경계를 넘는 이동과 함께 산다는 것

우리는 경계를 넘어 이동한다는 개념에 익숙해져 있지만, 이동인에게 경계 개념은 처음부터 존재하는 실체가 아니었다. 자연적 경계가 지리적 공간을 구성했던, 사람들이 지리적 공간 안에서 생존을 영위했던 원시사회에서는 이동이 자연 조건으로 구성된 지리적 공간이라는 한계성 안에서만 가능했을 것이다. 경계의 실체는 강, 바다, 산, 절벽 등의 자연 공간으로 체험되었을 것이고 이를 넘어서는 이동은 상상할 수 없었을 터이다.

이동한다는 것은 그곳에 가야 하는 이유가 있거나, 어디론가 떠나고 싶은 욕망이 개입한 것일 수 있다. 또 이곳을 떠나야만 하는 이유가 있어서이기도 하다. 떠나고 향하는 이동은 자연적 한계이든 국가지배권력의 제약이든 경계를 뚫고 실천되어야만 하는 그런 것이다. 그러므로 이동인은 끊임없이 경계의 틈을 찾아낸다. 경계의 틈은 이동인, 특히 죽어질 듯한(죽게 될 것만 같은, 살 수 없을 것 같은, 제주어 용례) 공간을 떠나 살아보겠다고 길을 나선 난민들에게는 신체의 콧구멍, 피부의 숨구멍과 같다. 경계는 이쪽과 저쪽을 가르는 벽이지만, 경계의 틈은 경계의 이쪽과 저쪽을 이으며 호흡을 발생시키는 보다 넓은 사회 유기체의 기도(氣道)이다. 그런 의미에서 이동은 호흡 활동이고 이동인은 산소이자 이산화탄소이다. 국경선을 넘는 일은 비자를 발급받아야 하는 공식적인 일이 되고 말았지만, 여권이 없더라도 비자가 없더라도 이동은 실제적으로 발생한다.

인류의 오랜 역사는 정주인과 이동인의 접촉과 교류로 이어져 왔다. 역사 서술 이래로 외부 문화와의 접촉이 없는 경계 내부 공간만의 역사는 존재하지 않았다. 역사는 하늘에서 떨어졌거나 땅에서 솟아났거나 바다를 건너왔다는 이동인의 출현과 함께 시작되었다. 현대사회에서 육지의 국경은 이동을 가로막은 장벽임이 엄정한 현실이 되고 말았지만, 바다는 여전히 국경을 넘나드는 경계의 틈으로 남아 있다. (김준표)

바다를 삶의 터전으로 삼은 자들

근대를 잇는 사람들
일제강점기 조선의 선원들

근대의 가려진 주체, 선원

근대의 통로로서 바다에 대한 이해는 우리의 인식 속에 이미 넓고 깊게 자리 잡고 있다. 바닷길을 통한 공간의 연결, 사회의 연결, 지식정보의 연결이 근대를 만든 기제였다면, 배를 타고 육지와 바다를 오가며 다양한 지역과 사회문화를 이어주던 사람들은 근대를 연 능동적 주체라고 할 수 있을 것이다. 근대의 주체로서 상인, 선교사, 유학생에 대한 인식은 학술 부문의 연구성과와 대중적 관심에서 확인할 수 있지만, 직접 배를 움직여 지역을 잇고 사람과 문물을 실어 날랐던 사람들―근대의 또 다른 주체로서 선원에 대한 인식과 논의는 여전히 부족하다.

부산항에 정박한 관부연락선과 선원들

   우리나라를 비롯한 동북아시아에서 선원은 근대적 존재라고
할 수 있다. '대항해시대' 유럽 각국이 바닷길을 통해 다른 대륙
과 지역을 연결하고 교역 · 교류 · 약탈 · 착취를 진행하는 동안,
동북아시아의 조선과 명 · 청, 일본은 '해금(海禁)'과 '쇄국(鎖國)'
으로 이야기되는 국가 통제하의 교역과 교류의 시대를 보내고
있었다. 물론 이 시기에도 국가의 눈을 피한 민간의 접촉은 이루
어지고 있었고, 수군(水軍)과 세곡(稅穀)을 운반하는 조운선의 승
무원, 연근해에서 어로 활동을 하는 어민들이 해상에서 활발한
활동을 하고 있었다. 그러나 동북아시아에서 증기선과 같은 근
대적 설비를 갖춘 선박을 타고 원거리의 다양한 지역들을 오가
며 사람, 물자, 문화를 실어 나르는 근대적 의미의 선원은 19세
기에 들어 등장했다.
   근대 동북아시아의 선원은 시대의 변화 속 공간과 장소, 사회
와 문화를 잇는 주체이자, 자본주의와 제국주의의 침투와 확산을

바다를 건넌 사람들

반영하고 있던 존재였다. 농업과 정주(定住) 중심의 삶이 불평등 조약 체결에 따른 개항, 세계 시장과의 연결이라는 구조적 전환 속에서 변화를 맞이하게 되고, 수많은 주민이 토지와 분리되며 새로운 직업과 계층을 찾고 만들어가는 과정에서, 교통통신 등 과학기술과 관련 제도가 발전하고 해운업이 성장하면서 선원이 등장하게 되었다. 이들은 바다 위를 항행하며 각지의 사람과 사회문화를 이어주었을 뿐만 아니라, 자본주의 시대 해상 노동자로서 새로운 삶의 방식을 실천했고, 민족 위계에 따른 교육과 취업의 격차라는 제국주의 시대의 엄혹함을 맨몸으로 맞으며 동북아시아의 근대를 체현하고 있었다. 근대 동북아시아의 선원들은 국적과 민족, 종사 업종과 소속, 직급 등에 따라 다양했으나, 이 글에서는 일제강점기 조선의 상선(商船) 선원을 중심으로 선원의 규모와 구성, 노동자로서의 지위와 활동, 선원 양성 교육 등의 면면을 살펴볼 것이다.

일제강점기 선원의 규모와 구성

해방 전 우리나라 선원의 규모와 구성은 관련 자료의 부족으로 전모를 확인하기 어렵지만, 1930년 진행된 인구 전수조사의 결과와 선원수첩(船員手帖) 및 해기(海技) 면허 구성 등을 통해 개괄적으로 확인할 수 있다.

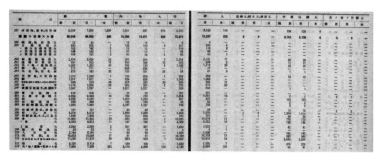

1930년 『조선국세조사보고(朝鮮國勢調査報告)』 중 운수 종사자의 구성.
302~307번 항목에서 선원의 민족별, 직급별 규모를 확인할 수 있다.

인구 전수조사 속 선원의 규모와 구성

1930년 조선총독부가 실시한 인구 전수조사 '국세조사(國勢調査)'에 따르면, 1930년 10월 1일 0시 기준 조선 체류자 중, 선원에 해당하는 선장, 선박운전사(지금의 항해사), 선박기관장 · 기관사, 타부(舵夫) · 수부(水夫), 선박유차(船舶油差) · 화부(火夫) · 석탄부는 총 14,303명이었다. 선원의 성별은 모두 남성이었고, 민족별로는 조선인 8,122명(약 56.8%), 일본인 4,878명(약 34.1%), 중국인 1,298명(약 9.1%)으로 한 · 중 · 일 삼국 출신자가 사실상 전부를 차지하고 있었다. 흥미로운 점은 조선 내 유직(有職) 인구 대부분이 조선인이었던 것과 달리(조선인 약 97%, 일본인 약 2.3%, 중국인 약 0.7%), 선원의 민족별 규모는 조선인 선원의 비율이 비교적 낮고 일본인 선원의 비율이 매우 높았으며 중국인 선원의 비율 역시 상당했다는 점이다. 항행과 선원 활동의 역사, 경험, 인식 전반에 걸친 국가별 격차를 엿볼 수 있는 대목이다.

선원의 직급별 규모를 보면 선장 약 15.5%, 선박운전사 약

바다를 건넌 사람들

1.7%, 선박기관장·기관사 약 13.9%, 선박사무장·사무원 약 0.9%, 타부·수부 약 57.5%, 선박유차·화부·석탄부 약 10.5%로, 타부·수부, 선박유차·화부·석탄부 등 해기 면허가 필요 없는 직급의 선원이 과반을 차지하고 있었다. 선원 내 계급이라 할 수 있는 직급별 구성은 민족 구성과 일정한 관계를 맺고 있었다. 해기 면허가 필요한 선장, 선박운전사, 기관장·기관사는 일본인 (약 59.3%)의 비율이 높고 조선인(약 36.7%)과 중국인(약 4.0%)의 비율이 낮았던 반면, 타부·수부, 선박유차·화부·석탄부 중에서는 조선인(약 66.3%)과 중국인(약 11.5%)의 비율이 높고 일본인(약 22.2%)의 비율은 상대적으로 낮아 선원 계급에서의 민족 위계를 확인할 수 있다.

해당 조사 결과를 통해 당시 조선 선원의 대체적인 규모와 구성을 확인할 수 있지만 선원의 종사 업종(상선 선원, 어선 선원 등), 소속 회사나 기관, 고용 상태 등을 확인할 수 없고, 조사 대상자의 신고에 기반하여 집계한 결과이기에 오류나 누락이 있을 수 있다.

선원수첩과 해기 면장을 통해 본 선원의 규모와 구성

같은 시기 일정 규모 이상의 선박을 타고 일정 거리 이상을 항행한 선원의 규모와 구성은 선원 관련 법령이 규정한 선원수첩과 해기 면허인 해기 면장(免狀) 소지자의 규모와 구성을 통해 확인할 수 있다. 일제강점기 조선의 선원 관련 법령인 '조선선원령(朝鮮船員令)', '조선선박직원령(朝鮮船舶職員令)' 등은 일본의 '선원법(船員法)'과 '선박직원법(船舶職員法)'을 바탕으로 제정된 것으로, 선총독부의 관할이라는 점을 제외하고 내용은 사실상 일본의 그것과 동일했다. 당시 관련 법령이 규정한 선원의 정의는 선박에 승선하는 선장(船長)과 해원(海員, 선장 외의 모든 승무원)을 지칭하는 것이었으나, 선박 소유자와 선적항, 선박의 규모와 설비, 항행 범위 등 다양한 조건에 부합하는 선박의 승무원에 한정되었다.

1930년 조선총독부 체신국이 조사한 선원의 수는 인구 전수조사에서 집계된 선원의 3분의 1을 조금 넘는 5,169명이었다. 체신국의 집계를 선원법이 규정한 선원을 대상으로 한 집계라 본다면, 같은 시기 전수조사에 집계된 선원의 3분의 2 가까이가 관련 법령이 취급하지 않는 규모나 유형의 선박을 타고 가까운 연해나 내륙에서 승선 생활을 하던 선원들이었다고 할 수 있다. 이 시기 조선에서 선원이 되고자 하는 사람은 관련 법령에 따라 관해관청(管海官廳)으로부터 선원수첩을 발급받아야 했다. 체신국이 집계한 선원 중 선원수첩을 소지한 사람은 4,766명으로, 조선에서 선원수첩을 발급받은 사람이 3,406명(조선인 2,418명, 일본인 916명, 외국인-중국인 72명), 일본에서 선원수첩을 발급받은 사람이 1,360명(일본인 802명, 조선인 539명, 외국인 19명)이었으며, 그 밖에 선원수첩을 소지하지 않은 사람 403명(조선인 297명, 일본인 106명)과 선원수첩을 반환한 사람 12명(일본인 8명, 조선인 4명)이 있었다.

선원수첩이 선원이라면 누구나 발급받아야 하는 일종의 신분증명서였다면, 해기 면장은 일정한 교육과 시험 등을 거친 선원이 취득할 수 있는 고등선원의 면허였다. 1930년 조선총독부 체신국이 집계한 조선 내 해기 면장 소지자는 1,979명으로 일본인이 1,358명, 조선인 621명을 차지했다. 이를 비율로 따지자면, 일

조선총독부 체신국 건물. 선원수첩, 해기면장, 선박직원시험, 해원양성소 운영 등
선원 관련 사무 전반을 관장하던 조선총독부 기관

본인이 7할, 조선인이 3할 정도를 차지하여, 조선인이 6할, 일본인
이 4할 정도를 차지하던 선원수첩 소지자의 민족별 구성과는 상
반되는 모습을 보였다. 당시 해기 면장의 종류는 갑종(甲種) 선장
과 1등 운전사(항해사) 및 2등 운전사, 을종(乙種) 선장과 1등 운전
사 및 2등 운전사, 병종(丙種) 운전사, 기관장, 1등 기관사, 2등 기
관사, 3등 기관사로 구성되어 있었다. 면장의 종류에서도 높은 계
급의 면장일수록 일본인이 많고 조선인이 적은 민족 간 격차가 보
였다. 갑종 선장과 운전사, 1등 기관사 면장 등은 대부분 일본인이
가지고 있었고, 조선인 선원의 대부분은 을종 2등 운전사, 병종 운
전사, 3등 기관사에 집중되어 있었다. 일제강점기 민족에 따른 직
급 격차는 노동자로서 선원의 계급 문제, 선원 양성 교육 및 훈련
과도 밀접한 관계를 맺고 있었다.

근대적 노동자로서 선원

일제강점기 조선의 선원은 자본주의의 확산 속 임금 노동자로서의 계급성, 직급에 따른 선원 내 계급 구별, 제국주의 치하의 민족별 위계 등 다층적인 계급성을 경험하고 있었고, 이는 선원 노동운동을 촉발한 민족 간 격차, 민족을 벗어난 노동자 계급의 연대 등 복잡한 양상으로 나타났다.

일제강점기 조선 내 선원이 점차 증가하면서 조선해원조합(朝鮮海員組合)을 비롯한 선원 관련 조직들이 결성되었다. 조선해원조합은 일제강점기의 대표적인 선원조합이지만, 관련 자료가 많지 않아 구체적인 조직의 규모와 구성, 활동 등을 알기 어렵고, 자료에 따라 조선해원협회(朝鮮海員協會)로 기록되거나 여타 선원조직과 혼용되기도 하여 명확한 실체를 확인하기 어렵다. 이를 통해 당시 조선 선원의 미약한 조직력과 세력화 정도를 미루어 짐작할 수 있다. 조선해원조합은 1920년대 후반 부산에 설립된 조직으로 창립 당시 조합원의 대부분은 조선 최대 해운회사인 조선우선주식회사(朝鮮郵船株式會社)에 근무하던 조선인 선원이었다. 조합 창립 후 조합원(회원)은 계속 증가하여 1934년에는 800명을 넘었고, 1940년에는 2천 명 이상이 가입해 있었다. 해당 조합은 조선인 선원의 처우 개선을 사측에 요구하는 등 조합원의 처우와 복지 향상을 목표로 활동했으나 전시체제에 들어가면서 전시 선원 공급 기관으로 성격이 변했다. 중일전쟁과 확전으로 선원의 수요가 증가하고 중국 북부와 '만주' 방면에 새로운 항로가 개척되자 조합은 1940년 인천에 지부를 설치하고 전시 선원 수요 충당을 위한 활동을 진행했으며, 곧 '해운보국운동(海運報國運動)'을 기치로 결성된 어용단체 조선해사보국단(朝鮮海事報國團)에 강제 흡수되었다.

일제강점기 선원의 노동운동은 주로 조합을 결성하여 조합원의 권리를 사측에 요구하거나 파업에 참여하는 형태로 진행되었다. 일례로 상술한 조선해원조합은 1934년 조선우선주식회사 소속 보통선원의 임금 인상, 초과근무수당 지급 등 처우 개선을 조선우선주식회사에 요구하고, 사측이 소극적으로 대응하자 조합장과 이사 등이 직접 본사를 방문하는 등의 활동을 진행했다. 일제강점기 대규모 노동운동으로 회자되는 1929년 원산 총파업에는 원산선박노동조합에 소속된 조선인 선원들이 참여했을 뿐 아니라, 당시 원산항에 들어와 있던 일본 선원들은 원산상공회의소가 요청한 파업 선원 대체 노동을 거부하며 연대 파업을 진행하기도 했다.

단 일제강점기 조선 선원의 노동운동은 빈약한 선원의 규모와 조직력의 한계, 제국주의 치하 식민

원산 총파업

원산 총파업 당시 원산항 전경과
파업규찰대의 모습

지의 한계 등 다양한 요인으로 인해, 영국을 비롯한 유럽 각국의
선원이나 중국 선원의 그것과 비교하여 크게 성장하지는 못했다.

시대의 반영, 일제강점기의 선원 교육

1876년 일본과의 조일수호조규(朝日修好條規)를 시작으로 서구
각국과 불평등조약을 맺고 부산, 인천, 원산 등 연해 각지를 개항
하게 된 조선의 관민(官民)은 개항장을 출입하는 각국의 증기선과
각지를 연결하는 다양한 항로, 바닷길을 통해 오가는 다양한 문
물을 목도하며 해운의 중요성을 인식하게 된다. 이후 조선 정부는
물론 민간 영역에서도 해운 관련 기관과 업체의 설립 및 경영에 힘
을 기울였으나 조선 해운업을 장악한 일본 세력에 밀리며 큰 성과
를 내지 못했고 전문적인 조선인 선원을 양성하지 못한 채 일본에
강제병합되었다. 조선 내 선원 양성은 일제강점기에 들어 본격화
되었고, 특히 전문지식과 기술을 갖춘 고등선원의 양성을 중심으
로 진행되었다.

고등선원 양성기관-해원양성소
고등선원 양성은 서구식 해기 교육이라는 근대 과학기술의 보
급과 해운이라는 주요 산업 부문의 전문가를 양성한다는 점에서
국가와 사회 수준에서 중요한 사안이었을 뿐 아니라 개인의 사회
경제적 지위와 생활 수준, 성취 등과 직결된다는 점에서 선원 개

진해고등해원양성소 교사

인에게도 상당히 중요했다. 이러한 중요성에도 불구하고 조선 내
고등선원의 양성 논의는 강제병합 이후에도 한동안 진행되지 않
다가, 제1차 세계대전을 거치며 선박과 선원에 대한 수요가 급증
하고 선원 양성의 필요성이 부각되면서 조선총독부 해원양성소의
설립으로 이어졌다.

조선총독부는 서구식 해기사 양성을 위해 1919년 7월 4일 체신
국 해원양성소 설립을 고시하고 인천에 해원양성소를 설립했다.
인천해원양성소는 같은 해 9월과 10월에 본과와 별과 입학생을
받았고, 11월에는 본과가 일본 징병령이 규정하는 관립학교로 인
정되면서 본과 재학 일본인의 재학 중 징집이 유예되었다. 인천해
원양성소 수료자는 선박직원시험 시 승선경력 및 학술시험의 특
전 등을 부여받았으나, 일본의 상선학교와 비교하여 교육 여건이
부실하고 특전이 적었으며, 특히 조선인의 경우에는 사회경제적

진해고등해원양성소 항해과 실습선

어려움과 한계 등으로 인해 중퇴자가 상당했다.

　인천해원양성소의 부실한 운영에 대해 조선 해운업계 곳곳에서 불만이 제기되는 가운데, 조선총독부는 1927년 해원양성소를 진해로 이전하고 교육과정과 생도 및 졸업생에 대한 특전을 새롭게 개정했다. 진해해원양성소에는 항해과와 기관과가 설치되었고 본과 3년, 연습과 3년 총 6년간의 교육과정이 마련되었다. 재학생과 졸업생에게는 다양한 특전이 주어졌는데, 1928년에는 해원양성소 졸업생의 경우 선박직원시험 시 필기시험을 면제하고 면접시험만을 볼 수 있게 되었고, 1932년에는 전문학교 입학자 검정규정 제11조에 따라 본과 졸업생의 학력이 중학교 졸업 이상의 학력으로 인정되었으며, 본과 재학생 중 해군 예비 연습생을 희망하는 사람에게는 특별교육을 지원하기도 했다.

진해해원양성소는 1940년 고등해원양성소로 승격되는 등 조선 내 고등선원 양성의 핵심으로 기능하며 300명이 넘는 조선인과 일본인 해기사를 배출했다. 그러나 한편으로 진해해원양성소 이전 시 목표했던 상선학교로의 승격이 불발되며 일본과 식민지 조선 사이의 격차를 드러냈고, 빈번한 조선인 생도의 중퇴, 조선인 졸업 생에 대한 해운업체의 차별 등 생도 간에 존재하는 민족 간 격차를 확인할 수도 있었다. 이렇듯 녹록지 않은 환경에서도 140명가량의 조선인이 해원양성소의 교육을 수료하고 해기 면장을 취득했으며, 졸업 후 조선우선주식회사를 비롯한 해운회사에 취업하여 조선 해운업의 일익을 담당하거나 세관 감시선의 선장, 도선사 등으로 취업하기도 했다.

전시 보통선원의 양성기관-보통해원양성소

보통선원은 고등선원과 달리 해기 면허가 필요 없는 업무에 종사하는 선원을 일컫는 용어로 조선총독부 체신국 해원양성소 별과 등의 관련 교육 과정이 있었으나, 보통선원 양성을 주로 하는 독립 기관의 설립 등 적극적인 양성 활동은 1930년대까지 찾아보기 힘들었다. 그러나 1940년대 들어 전시 선원 수요가 급증하고 보통선원 양성의 필요성이 높아지자, 조선총독부는 보통선원 간부 양성과 소형선박 운항 지원 등을 목표로 보통해원양성소를 설립했다. 조선총독부는 조선총독부령으로 1943년 8월 14일 조선총독부 체신국 보통해원양성소 규정을 발포하고 인천에 보통해원양성소를 설립한 후 생도를 모집하기 시작했다. 보통해원양성소는 항해과와 기관과로 구성되었고 수업 기간은 각 3개월이었다. 수업료는 무료로 수업 중인 경우 수당이 지급되었으며, 졸업생은 졸업 직후 1년간 선박에서 근무해야 했다. 1944년에는 조선총독부 교통국에 보통해원양성소가 설치되어 인천과 목포에 보통해원양성소를 설립하였으며 1945년 초까지 생도 모집을 이어간 것으로 보인다. 보통해원양성소의 운영 상황과 성과는 확인할 수 없으나, 생도의 입학 자격을 당초 초등학교 고등과 수료자에서 초등과 수료자로 변경하여 문턱을 낮추는 등 생도 모집에 고심하는 면면을 통해 전시 선원 수요의 증가와 선원 부족 상황을 엿볼 수 있다.

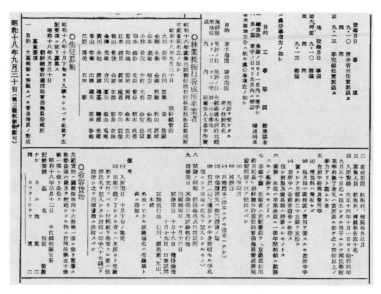

1943년 조선총독부 관보에 실린 보통해원양성소 생도모집 광고

우리나라의 근대와 현대를 이어준 선원들

일제강점기 우리 선원의 다수를 차지하며 저변에서 해운업을 이끌고 있던 사람들은 보통선원이었다. 그러나 보통선원은 고등선원과 달리 산업경제와 과학기술 면에서 정부나 사회가 중시하던 인원들이 아니었고 세력화된 조직을 이루지 못했기 때문에 그들의 상황과 생활을 살펴볼 수 있는 기록이나 자료를 발견하기 어렵다. 반면 고등선원들은 해기 교육, 해기 면장 등과 관련된 자료가 상당 부분 존재하고 해방 후 우리나라 해양 관련 정책과 제도 마련에 깊이 관여한 인물이 많아 보통선원과 비교하여 정보가 많은 편이다.

일제강점기 동안 해외에서 활동한 조선인 고등선원 중에는 해방 후 우리나라의 해운업 재건에서부터 해기 교육에 이르기까지 다방면에서 지대한 영향을 준 인물들이 많았다. 일제강점기 독립운동가이자 해방 후 정치인으로 널리 알려진 신성모(申性模, 1891~1960)가 그 대표적 인물이다. 신성모는 한일 강제병합 후 러시아 블라디보스토크로 망명하여 독립운동을 하다가 상하이로 거처를 옮겨 고등선원 교육을 받은 후 상하이에서 독립운동을 계속했다. 1923년 백산상회 독립자금 전달 사건으로 일본 경찰에 붙잡혀 압송된 신성모는 1925년 석방 후 영국 런던의 플리머스해양대학에서 수학하여 1등 항해사 자격을 취득, 영국 상선의 선장과 인도 상선회사의 고문 등을 지냈다. 해방 후 한국으로 돌아온 신성모는 내무부 장관을 역임하고 국방부 장관과 국무총리 서리를 맡았다가 한국전쟁 중에 발생한 거창양민학살 사건과 국민방위군

사건으로 국무총리 서리와 국방부 장관직을 사임했고, 이후 대통령 직속 자문기구인 해사위원회(海事委員會) 위원과 한국해양대학 학장을 지내다 1960년 사망했다. 해방 후 정치인으로서의 공과(功過)와 한국해양대학 학장으로서의 업적에 대한 해기사 사회의 엇갈린 시선 등 신성모에 대한 평가는 복잡하고 논쟁적이기까지 하지만, 일제강점기에 활동한 우리 선원으로서 해방 후 해운업을 비롯한 우리나라 정치경제와 해기 교육 부문에 지대한 영향을 미친 인물임에는 틀림없다.

일제강점기 해외에서 활동한 조선인 선원 중에는 해방 후 우리나라 해군 창설에 관여한 인물도 적지 않았다. 대한민국 해군의 창설자인 손원일(孫元一, 1909~1980)은 난징중앙대학 항해과를 졸업하고 중국 해군 국비유학생으로 독일에 유학한 후 함부르크의 아메리카 기선회사에서 항해사로 근무하며 장거리 항해를 경험했다. 중국과 독일에서 생활하며 강대국의 해군력을 실감한 손원일은 해방 후 곧바로 귀국하여 한국 해군의 모체가 되는 해방병단(海防兵團)을 창설했고, 1946년 조선해안경비대 교장과 총사령관을 지낸 후 1947년 초대 해군참모총장으로 취임했다. 1952년 해군 중장으로 예편된 손원일은 이후 국방부 장관과 주독일대사 등을 역임하는 등 국방과 정치외교 영역에서 폭넓게 활동했다.

일제강점기 조선인 선원들은 사회경제 구조의 전환 속에서 해상 노동이라는 새로운 삶의 방식을 선택하고 서구식 해기 교육과 승선 경험을 통해 근대 기술과 지식을 배우고 익혀 시공간을 이어주던 능동적인 주체였던 동시에, 자본주의와 제국주의하 노동자

부산호. 일제강점기 부산환(釜山丸)이란 명칭으로 운항되던 선박으로, 해방 후 최초로 출항한 우리 상선이다.

의 계급성과 민족 위계의 고충을 여실히 체감했던 존재이기도 하다. 다양한 얼굴을 가진 우리 선원의 모습을 통해 다층적인 우리의 근대를 읽어낼 수 있다. **(권경선)**

실습선을 타고 바다를 건넌 선원들

근대 선원의 태동

　인간은 원시시대부터 연근해에서 어로 활동으로 생존에 필요한 식량 자원을 자급해왔다. 이러한 어로 활동은 근대에 들어와서 생존을 위한 자급자족의 활동에서 벗어나 해양자원의 대량 채집, 가공, 유통, 수출을 통한 하나의 경제 활동으로 변화하였다. 따라서 이전 시기에는 연근해에서 어부가 소규모로 어로 활동을 해왔으나 근대에 이르러 선장을 비롯하여 여러 선원을 태운 대형 선박이 연근해에서 멀리 원양에까지 진출하여 대량의 어류 자원을 어획하게 되었다. 또한 선박 기술의 발전으로 육상에서 해상으로 물류 활동이 확대되면서 무역을 위한 상선에도 많은 선원들이 승선하게 되었다. 이처럼 근대에 이르러 선박, 항해 기술의 발전으로 어로 활동의 규모가 커지고 전문화됨에 따라 선원이라는 직업 개념이 형성되기 시작하였다.

한편 제2차 세계대전 이후 해운기술이 비약적으로 발전하였으며, 선박 설비의 발달로 선박 운항에 대한 전문적인 지식과 기능이 요구되었다. 이에 따라 선원의 수요도 급증하였으며 선원의 대량 양성을 위해 이전 시기까지 도제식 교육으로 이루어지던 선원 교육 또한 전문화되면서 체계적인 커리큘럼을 갖춘 교육기관이 설립되기 시작하였다.

부산고등수산학교의 설립

전문 어업인을 양성하기 위한 고등수산학교 설립의 필요성이 제기되면서 1941년 3월 28일에 칙령 제281호 「조선총독부제학교관제중개정의 건」이 공포되었고 이에 따라 부산고등수산학교*가 설립되었다. 1941년 입학생은 어로학과 21명, 제조학과 22명, 양식학과 9명, 합계 52명이었다. 이때 입학한 한국인 학생은 15명이었는데 학과별로는 어로학과 7명, 제조학과 6명, 양식학과 2명이

---

* 1944년에 부산수산전문학교(釜山水産專門學校)가 설립되었으며, 광복 후인 1946년 9월에 부산대학교 수산과학대학(水産科學大學)으로 승격되었다가 같은 해 12월에 국립부산수산대학(國立釜山水産大學)으로 분리 · 독립되었다.

었다. 1942년 제2기생을 모집하였으며 70명이 입학하였고 1943년에는 86명이 입학하였다.*

입학지원자는 성적뿐만 아니라 신체 조건도 좋아야 합격할 수 있었다. 부산수산전문학교 입학지원자 체격 검정 규정 중 제1조를 살펴보면 「신체 강건하고 전신의 발육이 완전한 자를 합격시킨다」고 되어 있다. 제2조에는 불합격으로 판정받는 여러 사유가 제시되어 있는데 「신체가 허약한 자, 근육의 발육이 연약한 자, 악성 혹은 선병성(腺病性) 체질을 지닌 자」를 비롯하여 어로학과 및 양식과는 「신장이 5척(1.515m)에 미달하는 자, 색맹 및 색신 불완전한 자, 중심시력이 좌우 모두 1.0에 미달하는 자, 1안(眼)이 강근시(强近視)인 자(어로학과 및 양식학과에 있어서는 경도라 할지라도 좌우 모두 근시 또는 원시인 자), 편안(偏眼)을 실명한 자, 사안(斜眼)」 등이 제시되어 있는 것으로 볼 때 험난한 바다 생활을 견딜 수 있는 건강한 신체와 시력이 선원이 되기 위한 중요한 조건이었다.

실습선 승선과 해양 훈련

광복 후 신교육제도에 따라 1946년 9월부터 전문학교가 대학으로 승격되었고 1946년 6월 8일에 발표된 「전문부 · 고급 2년제 중

---

* 제2회 학생 모집부터 한국인 입학생의 비율이 대폭 줄었다. 특히 중추적인 학과인 어로학과는 한국인 학생의 입학을 엄격히 규제하여 제2회 학생 모집부터는 1명도 합격시키지 않았다.

학 임시조치」에 따라 전문부가 개설되었다. 전문부의 교과 과정에는 선택과목 없이 모두 필수과목만 있었고 학점제를 채택하지 않았다. 실험이나 실습의 비중도 일제시대보다 줄어들었다.

해양 실습은 학과목에서 제외되었으나 학생들은 자체적으로 실습을 시행했다. 1946년 8월 2일 자 동아일보에는 부산수산전문학교에서 1일부터 강원도, 경상남·북도의 어장에서 실습을 한다는 기사가 실렸는데 '강원도 울진군 영해면 후포리 어장 3개소 및 냉동공장, 경상북도 구룡포 통조림공장 및 고등어 건착선, 경상남도 남해군 삼동면 송정리 미조어장 4개소, 경상남도 욕지도 건착선'

부산수전생 각어장에서 실습(1946년 8월 2일 자 동아일보 기사)

경양환(耕洋丸)의 모습 (출처: 일본수산대학, https://www.fish-u.ac.jp)

3부 바다를 삶의 터전으로 삼은 자들

에서 학생들은 어로 및 항해 실습을 했다. 부산수전이 소유한 유일한 실습선이었던 경양환(耕洋丸)은 1946년에 중국인의 의뢰로 화물을 싣고 칭다오(青島)에 갔다가 분실하였기 때문에 민간 어선에 승선하여 실습을 할 수밖에 없었다.

1947년에는 실습선 행어호(幸漁號)를 부산시에서 인수하여 승선 실습을 하였다. 행어호는 외끌이 기선저인망어선*으로 건조된 64톤의 소형 목선이었다. 1920년 2월에 건조된 노후선이었으나 광복 직후의 어선이 부족한 상황에서 이를 최대한 활용할 수밖에 없었다.

한편 일제시대부터 하기 실습으로 실시되었던 해양 훈련은 해방 후에도 계속되었다. 1950년 6·25전쟁 중에는 영도 가교사로 이전하여 가교사 앞바다, 송도해수욕장, 동래군 장안면 울내리 등에서 해양 훈련을 실시하였다. 휴전협정이 체결되고 환교 후에는 수영만에서 해양 훈련을 하였다. 해양 훈련은 바닷사람이 되기 위한 가장 기초적인 훈련이었으며 이외에 잠수 연습, 커터 조정 등도 하였는데 크고 무거운 노를 젓는 커터 조정과 경주는 힘든 훈련이었다.

1960년대에도 이러한 해양 훈련은 계속되었다. 하기 방학 중 부산수산대학 앞바다에서 10일간 실시하고 있었던 것을 기간을 연장하여 20일간 실시했다. 과목은 이전과 마찬가지로 어정(漁艇),

---

* 동력선을 사용하여 날개가 달린 자루모양의 그물을 어구의 아래깃이 해저에 닿도록 하여 끌줄을 오므리거나 해저를 끌어 고기를 잡는 어업이다. 주요 대상어종은 조기, 갈치, 가자미, 쥐치, 꽃게 등이다.

행어호(幸漁號)의 모습(출처: 부산수산대학교 오십년사)

정박하고 노를 세워둔
커터(cutter, 소형
쾌속 범선)의 모습
(출처: 부산수산대학교
오십년사)

3부 바다를 삶의 티전으로 산은 자들

단정(短艇), 범선(帆船) 등의 조종법, 잠수, 수영, 수기, 체육 등이었다. 1학년 학생 전원이 합숙하여 훈련을 실시하기도 했다.

원양어업실습 출항

1953년에는 6·25전쟁 중에도 건착망(巾着網)* 어업 실습을 하였다. 실습선 홍양호(鴻洋號)가 도입되면서부터 종래의 연근해 수역에 국한되었던 실습에서 벗어나 원양 실습이 가능해졌다. 새 실습선 홍양호는 88톤짜리 목조선으로 평화선(이승만 라인)**을 침범하여 나포된 일본 어선이었다. 일본에서 1954년 9월에 채낚기*** 어선으로 건조된 것으로 신조선과 거의 다름없었다.

1955년 6월 4일 최초의 원양 실습이 실시되었다. 실습생 25명이 전찬일(全燦一) 교수의 지도 아래 홍양호에 승선하여 제주도 남방 80마일에서 150마일 사이의 어장에서 상어 연승어업(延繩漁業)**** 실

---

* 띠 모양의 큰 그물로 고기를 둘러싸고 줄을 잡아당겨 고기를 잡는 것. 주로 한국 남해안의 정어리·전갱이·고등어와 원양어업에서 가다랭이·다랭이 등을 어획하는 그물 어구이다.

** 이승만 라인은 1952년 한국 정부가 설정한 수역이며 '평화선'으로 불린다. 한반도 주변수역 50~100해리 범위로 배타적경제수역(EEZ)의 외측 한계보다 안쪽에 위치하며 독도를 라인 안쪽에 포함한다.

*** 긴 줄에 낚시를 1개 또는 여러 개 달아 대상물을 채어 낚는 어업이다. 주요 대상 어종은 오징어이다.

**** 한 가닥의 기다란 줄에 일정한 간격으로 가짓줄을 달고, 가짓줄 끝에 낚시를 단 어구를 사용하여 낚시에 걸린 고기를 낚는 어업이다. 주요 대상 어종

홍양호(좌, 출처: 부산수산대학교 오십년사)
홍양호에 승선하여 첫 원양 실습 항해하는 부산수산대학 어로학과 학생들
(우, 출처: 부산일보, 1957년)

습을 하였다.

1957년에 본격적인 원양어업 실습이 시작되었다. 48명의 어로
학과 4학년 실습생이 전찬일, 박중희 교수의 인솔하에 9월 26일부
터 10월 14일에 걸쳐 대만까지 원양 어로, 항해 실습을 나갔다. 대
만 기륭(基隆)에 기항하여 대만의 어시장 경영, 어획물 취급 및 판
매, 저장, 수송, 수산 행정 등의 견학과 조사도 실시하였다. 1957년
은 지남호(指南號)*가 인도양에서 참치 시험 조업에 성공함으로써
우리나라 원양어업 역사의 첫 장을 장식한 해이기도 하였다.

은 장어, 복어, 도미, 볼락, 가자미 등이다.

* 지남호는 대한민국의 제1호 원양어선이다. 제동산업에서 운영하던 어선으
  로 1957년 6월 윤정구의 주도로 인도양에서 처음 원양어업을 시도, 성공
  을 거두었다.

1957년 부산수산대학 첫 원양 실습 중 홍양호에서 어획한 청새치(좌)와 1957년
대만 어시장을 구경하러 가는 실습 선원들의 모습(우, 출처: 부산일보)

이 실습에서 길이가 15척, 무게가 15관에 달하는 대형 청새치
한 마리를 어획하여 이승만 대통령에게 보냈다. 어로학과는 이후
에도 연근해 실습과 원양 실습을 병행하였으며 1959년에도 대만
까지 가서 원양 실습을 하였다.

1960년대의 본격적인 원양 실습

1960년대에 들어서면서 원양어업이 급속한 발달 궤도에 올랐
다. 이에 따라 부산 수산대학에서는 원양어업학과를 증설하고
원양에 진출하여 안전하게 실습을 할 수 있도록 1964년 12월에
새 실습선 백경호(白鯨號)를 건조하였다. 대한조선공사(大韓造船
公社)에서 건조한 389톤급 대형 강조(鋼造) 실습선 백경호는 현
측식(舷側式) 트롤(side trawl)어업, 다랑어 연승어업, 항해운용학
등의 실습과 해양 관측 및 자원 조사를 위한 연구를 목적으로 마

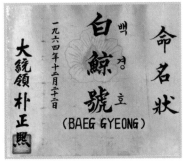

백경호 이동 경로(좌, 출처: 부산수산대학 오십년사)
박정희 전 대통령이 쓴 부경대 실습선 백경호 명명장(우, 출처: 부경대학교)

런되었다. 이 대형 현대식 실습선의 보유로 본격적인 원양 실습
이 가능해졌다.

북태평양 어장 개척

북태평양 어장의 개척은 한국 원양어업 개척사에 있어서 남태
평양 다랑어 어장 개척과 함께 위대한 업적이다. 한국의 원양어업
은 1957년에 인도양 다랑어 연승어업에 성공하여 남태평양으로
활발하게 진출하고 있었다. 그리고 1966년에는 한국 수산개발공
사가 도입한 트롤어선이 대서양에도 진출하였다. 그러나 세계 3대
어장의 하나인 북태평양어장은 아직 미개척 상태였다.

수산청은 1966년 7월에 북태평양 개척을 위한 어장에 대한 정
보 수집과 경제성에 관한 조사에 착수했다. 이를 위해 백경호를 동
원하고 시험 조사단을 편성하였다. 단장은 양재목(梁在穆) 부산수

산대학 교수가 맡았으며 부단장은 한희수(韓熙綉) 국립수산진흥원 해양조사과장 수산연구관이 맡았다. 그리고 연구진 및 행정직 단원들 외에도 백경호 선장 이인호 씨와 선원 21명, 부산수산대학 실습생 어로학과 4학년 학생 34명이 참가하였다.

알류산 열도(Aleutian Islands)
(출처: 노스캐롤라이나 대학교 채플힐교 전자도서관, https://www.ibiblio.org)

7월 16일부터 10월 12일까지 약 3개월간 북태평양 어장의 해황, 기상 등 어장 환경 조건과 연어, 송어 및 저서어 어류 자원에 관한 조사 및 어로 시험을 실시하였다. 조사단은 7월 16일 오후에 부산항을 떠나 일본의 후쿠오카(福岡)와 하코다테(函館)에 기항하였다가 알류산열도(Aleutian Islands)*를 향해 항진하였다. 8월 9일에

---

* 북태평양과 베링해를 가르면서 알래스카반도에서 소련의 캄차카반도까지

일부변경선(date line, 日附變更線)*을 통과하고 10일에 알류샨열도의 에이댁(Adak)섬 서남쪽 10마일 수역에서 연어, 송어 유자망(流刺網)** 시험 조업에서 송어, 연어 440미를 포획하고 물개, 돌고래 등도 잡았다.

8월 22일부터 9월 3일까지는 베링해 및 알래스카만에서 트롤어업 시험 조업을 15회에 걸쳐 실시하여 명태, 대구, 가자미, 청어, 게 등 13,600kg을 어획하였다. 이 외에도 어구·어법의 적정성, 어업 경제성, 조업성 등의 조사도 시행하였다. 추운 기후와 높은 파고의 악조건 속에서도 조사단은 시험 조사를 무사히 마치고 출항 89일 만인 10월 12일에 부산항에 입항하였다.

북태평양어장 원양 트롤어업의 진출

이 시험 조사의 성공으로 북태평양어장은 원양 트롤어업의 최대 어장으로서 각광을 받게 되었다. 연어, 송어 어업은 일소어업조

서쪽으로 2,370km에 걸쳐 있는 미국 알래스카주의 화산 열도.(세계인문지리사전, 2009. 3. 25.)

* 일지구 상의 지방시(地方時)의 기선(基線)으로서 날짜를 변경하기 위해 편의상 설정한 경계선. 날짜변경선이라고도 한다.(사이언스올 과학사전, www.scienceall.com)

** 그물을 수면에 수직으로 펼쳐 조류를 따라 흘려보내면서 물고기가 그물코에 꽂히게 하여 잡는 어법.

약(日蘇漁業條約)*과 일미가어업조약(日美加漁業條約)**에 의한 규제
로 개척이 어려웠으나 명태 트롤어업은 진출할 수 있었다. 1967년
에는 삼양수산주식회사의 저인망*** 어선단이 알류산열도와 코디액
(Kodiak)섬 근해의 어장으로 출어하였다. 1968년에는 한국수산개
발공사 소속 트롤 어선이 출어를 개시하였고 민간 어업 회사의 트
롤 어선이 진출하였다.

1967년 주영순 선장과 사모아 인근의 조업하는 선원들(좌, 출처: 조선일보)
1976년 우리 원양 어선단의 활약도표(우, 출처: 국립해양박물관)

---

* 1956년 5월 일본과 소련 사이에 체결된 조약이다. 대상구역은 동해, 오호
  츠크해(Sea of Okhotsk) 및 베링해(Bering Sea)를 포함한 북서태평양의 전
  수역(영해 제외)이다.

** 1952년에 체결된 서경 175° 동쪽의 북태평양 어업에 관한 미국, 캐나다의
   조약이다. 일본은 같은 수역의 연어 · 송어, 미국 연안 앞바다의 오표 · 청
   어 등의 어획을 금지했다.

*** 저인망(底引網, trawl). 바다 밑바닥으로 끌고 다니면서 깊은 곳에 사는 물고
    기를 잡도록 만든 그물.

실습생들이 겪은 항해 실습 일화

부산수산대학 68학번 김규수 제리산업 대표는 어업학과에서 배를 운용하기 위한 조종술과 천문항해, 지문항해를 배웠다고 한다. 그 당시는 오늘날의 레이더나 GPS와 같은 전자기기가 없었기 때문에 눈으로 지형지물을 보고 자신의 위치를 파악해서 항해하는 지문항해를 했다.

1950년대에 제작된 천측기구(출처: 정효모 선장 제공)

그리고 망망대해로 나가면 지형지물이 없기 때문에 별이나 천체를 천측해서 자신의 위치를 판단하여 항해하는 천문항해를 했다. 아침, 저녁으로는 별을 실측하고 낮에는 태양의 위치를 실측하여 계산했다. 그렇지만 날씨가 좋지 않은 날은 천측이 어려워서 배의 위치를 가늠할 수 없어 어장을 찾아가기 어려웠다고 한다.

선원들이 항해 실습을 할 때 가장 힘든 것이 물 부족, 수면 부족 그리고 뱃멀미였다고 한다. 연근해 실습은 주로 제주도 연근해

나 서해로 나갔다. 두 차례에 걸쳐서 한 달 정도 실습을 했는데 그 당시에는 조수기가 없어서 출항할 때 정수탱크에 물을 싣고 나가야 했다. 조그만 실습선에 여러 가지 실습 기자재도 싣고 학생들도 많이 태우기 때문에 물을 많이 실을 수 없었다. 그래서 아침에 작은 조롱박에 물 한 바가지를 배급받아 세수와 양치를 해야 했고 물을 마음껏 쓸 수 없는 것이 아주 힘들었다고 한다.

그는 졸업하자마자 6개월 정도 북태평양 캄차카 근해에서 항해사로 승선하여 명태 조업을 했다. 조업 당직을 12시간 하고 그다음에 공장에서 생선을 가공하여 필레트로 만드는 일을 했다고 한다. 당시 동원산업에서 최초로 건조한 공모선 동산호는 선내에 공장 시설을 갖춘 어선이었다. 그는 조업 당직과 공장일로 하루 6시간도 잘 수 없어서 늘 수면 부족에 시달렸다고 한다.

부산수산대학 75학번 김금열 선장은 원양어선에서 심한 멀미로 고생을 했다. 그는 1983년 6월에 졸업하고 그해 7월 처음으로 승선해서 인도양을 건넜는데 인도양에서 몬순계절풍을 만나서 멀미를 심하게 했다고 한다. 2주 동안 밥을 못 먹어서 라면과 미숫가루로 버텼지만 그것도 나중에는 모두 토했다고 한다. 옆으로 누워서 태아처럼 웅크리고 있으면 멀미를 안 한다고 해서 그렇게 웅크린 자세로 일주일 정도를 물로 연명하여 겨우 오만에 도착했다고 한다.

원양어업개척에 바친 고귀한 희생

원양어업의 발전으로 한국 경제는 급속한 발전을 이루었다. 이러한 원양어업의 개척과 한국 수산업의 고도성장에는 많은 선원들의 희생이 있었다. 1963년 12월 30일에 한국 원양 사상 최초의 어선 조난 사고가 발생했다. 남태평양 사모아에서 제2지남호가 침몰한 사건으로 부산수산대학 어로학과 제13기생 선장 강정중을 비롯하여 항해사 강동안(어로학과 제17기), 실습항해사 김철승(어로학과 제19기), 송세배(어로학과 제19기) 등 선원 21명이 희생되었다.

백경탑(좌, 출처: 부경대학교)
영도 순직선원위령탑(우, 출처: 영도구청 홈페이지 https://www.yeongdo.go.kr)

그리고 부산수산대학 재학생이 실습 도중에 희생된 사고도 발생하였다. 삼양수산의 9척으로 구성된 기선저인망 어선단이 1967년 9월 15일 알류샨열도 근해에서 돌풍을 만나 제7삼수호와 제8삼수호가 침몰하였다. 이 어선단에는 졸업을 몇 개월 앞둔 어로학과 4학년 학생들이 위탁 실습생으로 승선하였는데 어로학과 4학년 이민남(李敏男)과 김정남(金正男) 등이 이 사고로 희생되었다. 이는 원양어업 실습에 적합한 대형 실습선의 부족으로 민간 기업체의 어선에서 위탁 실습을 하여 발생한 희생이었다.

1971년 5월 15일 먼바다에서 잠든 선원들을 추모하기 위해 백경탑이 부산수산대학 내에 세워졌다. 그리고 1979년 4월에는 해양한국의 사명을 띠고 오대양으로 나아간 젊은 선원들의 스러져 간 영혼을 기리기 위해 영도에 순직선원위령탑이 세워졌다.

때 묻은 선원수첩 속에 담긴 바닷사람의 삶

선원들의 선원수첩에는 대학 시절 실습항해를 나가기 위해 출국한 날 찍힌 도장을 시작으로 여러 국가의 도장이 찍혀 있다. 선원수첩은 타국에서 그들의 신분을 보장하여 입국을 허가받을 수 있는 신분증명서가 될 뿐만 아니라 오대양을 누벼온 그들의 바다 생활 기록이다.

선원수첩에는 선원들의 신상 명세와 승선하는 선박에 관한 정보, 선원의 신체검사 결과도 기재되어 있다. 그리고 선원 교육 관련 증명서와 선원들이 드나들었던 여러 국가에 대한 출입국 기록도 포함되어 있다. 한 권의 때 묻은 낡은 선원수첩 속에 그들의 바다 생활이 총망라되어 있는 것이다. 이 작은 수첩 한 권으로 선원들이 경험한 몇십 년에 걸친 험난했던 바다 생활을 다 알 수는 없지만 그들이 누빈 오대양의 궤적을 조금이나마 엿볼 수 있다.

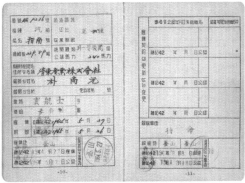

선원수첩의 첫 장과 선원수첩에 기재된 지남호 승선 기록
(출처: 사모아 사고에서 살아 돌아온 문인리 선장 본인 제공)

남태평양 사모아에는 제2지남호와 지남호에 승선한 선원 21명
이 잠들어 있다. 선원들의 행적은 바다의 물거품과 함께 사라졌지
만 겨우 생존해 돌아온 한 선원과 그가 지닌 선원수첩만이 남아
남태평양 바다 한가운데 잠든 선원들의 행적을 들려준다.

선원들, 고국의 품으로 돌아와 잠들다

스페인 라스팔마스(Las Palmas)와 테네리페(Tenerife)는 당시 원
양어선들이 조업활동을 했던 대표적인 어장으로, 1977년에는
역대 최고인 850척의 원양어선이 2만 2천여 명의 선원들을 싣고
출항하였다. 선원들은 각자 자신의 꿈을 위해 원양어선에 승선
하였으나 이들은 꿈을 이루지 못한 채 머나먼 타국에 잠들었다.

라스팔마스와 테네리페, 사모아(Samoa) 등 7개 기지에 318기의
선원 묘지가 안장되었으나 현재에는 2014년부터 2018년까지 총
28기의 묘지를 이장하여 290기가 해외에 남아 있다.

미국령 사모아의 위령탑에는 순직 선원들을 위로하는 박목월
시인의 헌사가 새겨져 있다.

1967년 사모아에 조성한 선원 묘역(출처: 부산일보)

스페인 테네리페 위령비(출처: 해양수산부)

"줄기차게 전진하는 조국 근대화와 겨레의 번영 속에 그들의 숭고한 얼과 의지는 살아 있으며 수산 한국의 무궁한 발전 속에 그들은 영원히 쉬고 있을 것이다. 원양어업의 뱃길이 자주 오가는 이역의 태양과 성좌 아래 정성을 모아 이 탑을 세우나니 위대한 개척자의 영령이여 보람찬 겨레의 핏줄이여 이곳에 편히 깃드소서."(1978. 9. 30.)

일제강점기와 한국전쟁을 거쳐 황폐화된 조국의 경제를 일으킨 선원들은 험난한 파도와 싸우고 지난한 어로 작업으로 젊음을 불태웠다. 이들은 40여 년 만에 조국 땅에 돌아와 영면하였다. 원양어업 초창기에 많은 시행착오 속에서 스러져간 실습 선원들과 한국 경제의 암흑기에 수출의 역군으로 궁핍한 조국을 살린 선원들의 피와 땀이 얼룩진 역사를 되새겨본다. **(주현희)**

참고문헌

왜구, 고려의 바다에 나타나다

『고려사』

『고려사절요』

『조선왕조실록』

김기섭, 「14세기 倭寇의 동향과 고려의 대응」, 『한국민족문화』 9,
　　　한국민족문화연구소, 1995.

나종우, 『韓國中世對日交涉史硏究』, 원광대학교출판국, 1996.

이영, 「'경인년 왜구'와 일본의 국내정세」, 『국사관논총』 92,
　　　국사편찬위원회, 2000.

이영, 「가라쓰(唐津) 카가미 신사(鏡神社) 소재 고려 수월관음도의 유래」,
　　　『한일관계사연구』 34, 한일관계사학회, 2009.

이영, 『왜구, 고려로 번진 일본이 내란』, 보고사, 2020.

이영, 『왜구와 고려 · 일본 관계사』, 혜안, 2011.

이영, 『잊혀진 전쟁 왜구』, 에피스테메, 2007.

장득진, 「고려말 倭寇侵略期 '民'의 동향」, 『국사관논총』 71,
　　　국사편찬위원회, 1996.

정영현, 「동해안의 왜구와 쓰시마 早田氏」, 『한국민족문화』 67, 부산대
　　　한국민족문화연구소, 2018.

정영현, 「여말선초 倭寇 被虜人의 쇄환과 그 성격」, 『지역과역사』 39,
　　　부경역사연구소, 2016.

村井章介, 「倭冦と朝鮮」, 『アジアのなかの中世日本』, 校倉書房, 1988.

南基鶴, 『蒙古襲來と鎌倉幕府-對應策の性格をめぐって 』, 臨川書店, 1990.

網野善彦, 『悪党と海賊-日本中世の社會と政治』, 法政大學出版局, 1995.

田中健夫, 『東アジア通交圏と國際認識』, 吉川弘文館, 1997.

太田弘毅, 『倭寇-商業.軍事史的研究』, 春風社, 2004.

范中義.同晰綱,『明代倭寇史略』, 中華書局, 2004.

해적왕 정성공(鄭成功), 대만의 아버지가 되다

조너선 클레멘츠(Jonathan Clements), 허강 옮김, 『해적왕 정성공(Pirate King: Coxinga and the Fall of the Ming Dynasty)』, 삼우반, 2008.

江日昇,『臺灣外誌』, 上海古籍出版社, 1986.

連橫,『臺灣通史』, 九州出版社, 2008.

黃玉齋,『鄭成功與臺灣』, 海峽學術出版社, 2004.

歐陽泰(Tonio Andrade), 鄭維中 譯,『福爾摩沙如何變成臺灣府?』, 遠流, 2007.

上田信,『シナ海峽, 蜃氣樓王國の興亡』, 講談社, 2013.

松浦章,『中國の海賊』, 東方書店, 1995.

남중국해의 약탈자, 홍기방(紅旗幇)과 해적들

김경아, 「19세기 남중국해 해적과 관군의 전투기록-袁永綸의『靖海氛記』를 중심으로」,『중국학』제72집, 대한중국학회, 2020.

다이앤 머레이, 이영옥 역,『그들의 바다: 남부 중국의 해적, 1790~1810』, 심산, 2003.

보르헤스, 황병하 역,『불한당들의 세계사』, 민음사, 1994.

蕭國健 · 蔔永堅, 「(淸)袁永綸『靖海氛記』箋註專號」, 『田野與文獻: 華南研究資料中心通訊』第46期, 2007, pp. 6-7.

袁永綸,『靖海氛記』, 道光17年 刻本, p.15a.

Karl Friedrich Neumann, "Translator's Preface", *History of the Pirates who Infested the China Sea from 1807 to 1810*, (London:Oriental Translation Fund), p.xx.

대항해시대 바다를 건넌 일본인 노예

루시오 데 소우사 · 오카 미호코, 신주현 옮김, 『대항해시대의 일본인 노예』,

산지니, 2021(ルシオ・デ・ソウザ, 『大航海時代の日本人奴隷』, 中央公論新社, 2021).

주경철, 『대항해시대』, 서울대학교 출판부, 2008.

高浪利子・大浦由美子, 『旅する長崎学3』 キリシタン文化Ⅲ 26聖人殉教, 島原乱から鎖国へ, 長崎文献社, 2016.

목숨과 맞바꾼 동아시아인의 세상 구경

박화진, 서광덕(옮긴이), 『청국표류도』, 소명출판, 2022

서광덕, 안재연, 최정섭, 최가진, 김보배(옮긴이), 『아시아의 표해록』, 소명출판, 2019

아시아문화연구소 엮음, 『동아시아 표해록』, 역사공간, 2018

이근우, 김윤미(옮긴이), 『조선표류일기』, 소명출판, 2020

이익태 저, 서광덕 외 역, 『제주 최초의 인문지리지: 지영록』, 국립제주박물관, 2021

어서 와, 제주도는 처음이지?

『제주 최초의 인문지리지, 지영록』, 국립제주박물관, 2021.

이보라, 「17세기 말 탐라십경도(耽羅十景圖)의 성립과 《탐라순력도첩(耽羅巡歷圖帖)》에 미친 영향」, 『온지논총』 17호, 2007.

부산항에 입항한 베트남 보트피플

노영순, 「바다의 디아스포라, 보트피플: 한국에 들어온 2차베트남난민(1977~1993) 연구」, 『디아스포라연구』 7(2), 2013.

박태균, 『베트남전쟁』, 한겨레출판, 2015.

배정호 외, 『사이공 패망과 내부의 적-베트남전쟁과 통일전선전술』, 에디터, 2018.

박인석, 「1975년 '십자성 작전' 참여 함장의 증언 (上)」, 월간조선 4월호,

2013.

부산연합뉴스, 「부산 난민보호소 아시나요...베트남 보트피플 임시 체류」,
        2018년 7월 8일자.

부산일보, 「카불 엑소더스, 부산과 난민의 추억」, 2021년 8월 26일자.

신동아일보, 「베트남판 흥남철수-십자성작전의 영웅들」, 2018년 8월
        29일자.

연합뉴스, 「베트남 '보트피플' 출신 난민 수천 명, 미국서 추방 위기」,
        2019년 2월 26일자.

중앙일보, 「월남철수난민 부산에 도착」, 1975년 5월 13일자.

중앙일보, 「수용자 천3백35명 구호본부 정정발표」, 1975년 5월 14일자.

중앙일보, 「단잠을 샌 「따이한」의 첫밤」, 1975년 5월 14일자.

한국일보, 「85년 망망대해에서 베트남 보트피플 96명 구해 제3국으로」,
        2006년 8월 30일자.

KBS스페셜, 「보트 피플(베트남 난민)-전제용 선장과 96人의 난민들」,
        2015년 4월 20일자.

제주 바다를 건넌 난민들

김영순, 이웅범, 송영심, 신강협, 김상훈, 모하메드, 사이푸, 최용찬, 김진선,
        김준표, 『제주인권활동가 이야기, 사람과 사람 2』, 집옥재, 2021.

김준표, 「다문화 사회의 정체성 트러블과 제주의 쿰다 문화」, 『현상과인식』
        44-4, 2020.

김준표, 「경계를 넘는 이동과 함께 산다는 것」, 『다문화콘텐츠연구』 38,
        2021.

문무병 글, 김일영 사진, 『제주의 성숲 당올레 111』, 황금알, 2020.

양정필, 「조선 전기 정부의 제주도 출륙 포작인 인식과 정책-포작인의
        난민적 성격을 중심으로」, 『탐라문화』 67, 2021.

이영권, 『조선시대 해양유민의 사회사』, 한울아카데미, 2013.

제주대학교 탐라문화연구원, 『바다로 열린 세계, 제주의 해양문화』, 2012

탐라대전 국제학술대회 자료집, 2012.

제주대학교 탐라문화연구원, 『왜 지금 난민-난민의 출현과 인식』, 온샘, 2021.

전경수, 오창명, 김창현, 김경주, 윤명철, 현승환, 김일우, 홍기표, 김은석, 『탐라사의 재해석』, 제주발전연구원, 2013.

전영준, 「고려시대 삼별초 전쟁난민과 피난처」, 『동국사학』 72호, 2021.

전영준, 김준표, 「제주도민의 난민 인식」, 『탐라문화』 67, 2021.

한진오, 『모든 것의 처음, 신화』, 한그루, 2019.

현용준, 『제주도 마을 신앙』, 제주도탐라문화연구소, 2013.

나무위키, https://namu.wiki

근대를 잇는 사람들

船舶職員法(法律 第68號) 1896년 4월 7일 제정

船員法(法律 第47號) 1899년 3월 8일 제정

朝鮮船舶職員令(朝鮮總督府制令 第10號) 1914년 4월 7일 제정, 1914년 6월 1일 시행

朝鮮船員令(朝鮮總督府制令 第9號) 1914년 4월 7일 제정, 1914년 6월 1일 시행

朝鮮總督府, 『昭和五年 朝鮮國勢調査報告 全鮮編』, 朝鮮總督府, 1935.

朝鮮總督府, 『朝鮮總督府官報』 第五000號, 1943년 9월 30일.

朝鮮總督府遞信局, 『昭和五年度 朝鮮總督府遞信統計要覽』, 朝鮮総督府遞信局, 1931.

朝鮮總督府遞信局, 『朝鮮の遞信事業』, 朝鮮総督府遞信局, 1936.

김한종, 『역사교육으로 읽는 한국현대사-국민학교에서 역사교과서 파동까지』, 책과함께, 2013.

해양수산부·한국해기사협회·한국도선사협회·한국해사재단, 『선원열전』, 해양수산부·한국해기사협회·한국도선사협회·한국해사재단, 2004.

해양수산부·한국해기사협회·한국도선사협회·한국해사재단,
  『우리 선원의 역사-상선선원을 중심으로』,
  해양수산부·한국해기사협회·한국도선사협회·한국해사재단, 2004.
이상은, 「조선총독부의 해원양성소 운영과 조선인 선원의 제한적
  양성(1919-1936년)」, 고려대학교 석사학위논문, 2020.

실습선을 타고 바다를 건넌 선원들

부산수산대학교 오십년사 편찬위원회, 『부산수산대학교 오십년사-
  1941~1991』, 부산수산대학교 오십년사 편찬위원회, 1991.
수산대학교 오십년사 편집부회, 『水産大學校 五十年史』, 부산수산대학교,
  1991.
수우회, 『현대한국수산사』, 고려서적주식회사, 1987.
한국어문교열기자협회, 『세계인문지리사전』, 한국어문교열기자협회,
  2009.
해양수산부, 『바다 사람들의 생애사4』, 국립해양박물관, 2021.
국립해양박물관(www.knmm.or.kr)
국제신문(www.kookje.co.kr)
부산일보(www.busan.com)
사이언스올 과학사전(www.scienceall.com)
수산인신문(www.isusanin.com)
일본수산주식회사(www.nissui.co.jp)
조선일보(www.chosun.com)
해양수산부(www.mof.go.kr)
현대해양(www.hdhy.co.kr)

찾아보기

바다를 건넌 사람들